Holger Gutschmidt

Dieter Henrichs Theorie der Subjektivität

Analyse ihrer Entwicklung

Meiner

Diese Publikation wurde mit finanzieller Unterstützung der Akademie der Wissenschaften der Tschechischen Republik herausgegeben und entstand im Rahmen der Forschung des Institutes für Philosophie der Akademie der Wissenschaften der Tschechischen Republik in Prag (Forschungsgruppe für neuzeitliche Rationalität) (RVO 67985955).

Bibliographische Information der Deutschen Nationalbibliothek

Die Deutsche Nationalbibliothek verzeichnet diese Publikation in der Deutschen Nationalbibliographie; detaillierte bibliographische Daten sind im Internet über ‹https://portal.dnb.de› abrufbar.

ISBN 978-3-7873-4601-1
ISBN eBook 978-3-7873-4602-8

 Satz: Jens-Sören Mann. Druck und Bindung: Stückle, Ettenheim. Gedruckt auf alterungsbeständigem Werkdruckpapier, hergestellt aus 100% chlorfrei gebleichtem Zellstoff. Printed in Germany.

Inhalt

Vorwort

Dieter Henrich war einer der bedeutendsten deutschen Philosophen seit dem Zweiten Weltkrieg. Er hat in siebzig Jahren ein umfangreiches Werk von mehreren Dutzend Büchern und Hunderten von Aufsätzen und Abhandlungen geschaffen. Darüber hinaus ist eine ganze Reihe seiner Schüler selbst zu erfolgreichen Akademikern geworden. Bekannt war Henrich schon in den fünfziger und sechziger Jahren durch seine eindringlichen Analysen zur neuzeitlichen Philosophie, insbesondere im Zusammenhang mit der Erforschung von Kants Theorie des Erkenntnissubjekts und der damit verbundenen Metaphysik sowie (später) Hegels Theorie des Begriffs. Solche Forschungen haben ihm auch früh (1960) einen philosophischen Lehrstuhl an der Freien Universität Berlin eingebracht. Von 1965 an hat er dann als Professor in Heidelberg gewirkt, eine Zeit, in der er zentrale systematische Positionen zu einer modernen Subjektivitätstheorie ausarbeitete. Seit 1981 bis zu seiner Emeritierung 1994 ist er schließlich Ordinarius an der Ludwig-Maximilians-Universität in München gewesen und hat sich dort vor allem philosophiehistorischen und editorischen Arbeiten gewidmet. In dieser Zeit äußerte er sich auch verstärkt öffentlich zu aktuellen gesellschaftlichen Fragen wie dem nuklearen Frieden, der deutschen Einheit oder der Situation an den Universitäten in Deutschland.

Einer seiner wissenschaftlichen Schwerpunkte – auch im Blick auf eine umfassende Theorie des Menschen und seines Weltbezuges – ist die bereits genannte systematische *Theorie des Subjekts*. Sie hat er in ständigem Dialog mit Konzeptionen der sog. »klassischen deutschen Philosophie« entwickelt, d. h. der deutschen Philosophie zwischen dem Erscheinen von Kants *Kritik der reinen Vernunft* und dem Tode Hegels, doch dazu auch früh eigene systematische Studien, die wichtige phänomenologische und sprachanalytische Einsichten aufgriffen, veröffentlicht. Bis in die letzten Jahre hat er in immer neuen Ansätzen und Weiterführungen an dieser Theorie gearbeitet. Von ihr aus haben sich nicht nur Neuinterpretationen der philosophischen Klassiker ergeben, sondern auch Überlegungen zur Ästhetik, zum philosophischen Menschenbild, zur Ethik und zur Lebenspraxis insgesamt. Selbst zum Verständnis bedeutender Dichterphilosophen, vor allem Friedrich Hölderlins, konnte Henrich aus dieser Perspektive einiges beitragen. Henrichs Theorie des Subjekts ist zwar besonders wirkungsmächtig in der Philosophie, wirkt aber auch in der Theologie, der Literaturwissenschaft, der Kulturtheorie und sogar der Psychiatrie.

Die folgende Einführung widmet sich diesem zentralen Aspekt seines philosophischen Werks, seiner Theorie des Selbstbewußtseins und der menschlichen Subjektivität. Ihr Hauptziel ist es, einen Leitfaden für das Verständnis und für die Auseinandersetzung mit dieser Theorie anzubieten. Sinnvoll ist ein solches Ziel deshalb, weil Henrich seine Überlegungen hierzu in verschiedenen Texten recht unterschiedlicher Art entwickelt hat, deren Erscheinen sich darüber hinaus über mehr als sechzig Jahre Veröffentlichungstätigkeit erstreckt. Hinzu kommt eine Besonderheit von Henrichs Arbeiten: Er argumentiert in ihnen fast immer von speziellen Fragen oder konkreten Problemstellungen aus, so daß seine theoretischen Ausgangspunkte in der Regel nur ausschnitthaft, in ihrer Relevanz für das jeweilige Thema, das er diskutiert, vorgetragen werden. Es gibt kein Werk aus Henrichs Feder, das seine Theorie der Subjektivität vollständig ausgearbeitet enthält, und nur wenige, in denen wenigstens die Grundzüge dieser Theorie vorgestellt werden. Auch ändert sich der Blickwinkel, mit dem Henrich auf seine eigene Theorie schaut, je nach Themenstellung, so daß kaum eine Darstellung einer anderen völlig entspricht. Dies betrifft teilweise sogar die von Henrich jeweils gebrauchte Terminologie.

Schließlich ist noch ein weiterer Gesichtspunkt zu beachten. Henrichs Auffassungen zum Fragenkomplex von Selbstbewußtsein und Subjektivität haben sich im Laufe der Jahre erheblich geändert. Das betrifft sowohl die Weise, wie Henrich Selbstbewußtsein analysiert, als auch die Zielrichtung des ganzen Projekts. Nicht allen Lesern von Henrichs Texten dürfte dies vor Augen stehen. Deshalb erschien es dem Verfasser sinnvoll, Henrichs Theorie in ihrer Entwicklung vorzustellen und es dem Leser so zu ermöglichen, die engeren Kontexte der Entstehung seiner Arbeiten zu berücksichtigen. Das bedeutet nicht, daß Henrichs frühere Texte als »veraltet« anzusehen wären. In fast allen seinen Texten zu diesem Themengebiet sind wichtige Einsichten und Argumente herausgearbeitet, die auch in späteren Theoriestufen Bedeutung besitzen oder unabhängig davon Beachtung verdienen. Doch Methodik und leitende Fragestellungen haben sich gewandelt, so daß sich nicht alle Positionen, die Henrich im Laufe der Zeit vertreten hat, miteinander harmonisieren lassen.

Die Theorie des Subjekts ist, wie gesagt, nur *ein* Aspekt von Henrichs Œuvre, und die vorliegende Arbeit strebt keine Einführung in sein ganzes philosophisches Werk an. Dazu hätte sie auch Henrichs kunst- und moralphilosophischen Arbeiten zu berücksichtigen gehabt, ferner seine hermeneutische Konzeption (insbesondere die Theorie der »Konstellationen«) sowie seine philosophiegeschichtlichen Studien im engeren Sinne (vor allem aus dem sogenannten »Jena-Programm«). Da die Subjektivitätstheorie jedoch den *zentralen* Aspekt von Henrichs philosophischem Werk darstellt, welcher auch für dessen übrige Teile große Bedeutung besitzt, ist zu hoffen, daß auch diejenigen Leser, die an jenen Themen besonderes Interesse nehmen, die vorliegende Arbeit mit Gewinn lesen werden. – Ebensowenig ist hier eine philosophische Biographie Henrichs angestrebt. Er selbst hat eine solche kurz vor seinem Tod (2021) in Gestalt eines Gesprächsbandes vorgelegt.[1] Vielmehr versteht diese Arbeit sich vor allem als ein Werk der Orientierung, das es erlaubt, sich in Henrichs verzweigtem Gedankengebäude zurechtzufinden und es fruchtbar zu rezipieren. Dem dient schließlich auch der Versuch, die Darstellung auf der einen Seite so konzise, auf der anderen Seite so klar und faßlich wie möglich zu halten. Henrichs eigene Diktion ist zuweilen von bemerkenswerter Dichte (insbesondere in den frühen Arbeiten), kann aber auch in eine epische Breite und Unbestimmtheit münden. Da beides hier vermieden werden sollte, konzentriert sich diese Arbeit auf die Theorieentwicklung im engeren Sinn und erwähnt oder diskutiert andere Autoren nur ausnahmsweise. Eine umfassende Einordnung von Henrichs Theorien wie auch eine abschließende Bewertung sind derzeit, da ihr Urheber bis vor kurzem noch, obgleich schon hochbetagt, weiter daran gearbeitet hat, kaum möglich. Sie werden einer späteren Zeit vorbehalten sein.

Die Anregung zu dieser Studie erhielt der Verfasser vor Jahrzehnten, im Dezember 1997, durch einen Besuch Henrichs am Philosophischen Seminar der Georg-August-Universität Göttingen. Henrich nahm dort an einem der mehrtägigen *Göttinger Philosophischen Kolloquien* teil, die von Studenten organisiert wurden und zu denen sie jeweils bedeutende Gegenwartsphilosophen einluden, um mit ihnen über deren Werk zu diskutieren. 1997 war das Kolloquium Henrichs Arbeiten gewidmet. Es wurde von zwei ehemaligen Schülern Henrichs, Konrad Cramer und Jürgen Stolzenberg, betreut. Der Verfasser, der diesem Kolloquium beiwohnte, nutzte die Gelegenheit, sich in das schon zum damaligen Zeitpunkt umfangreiche Werk Henrichs einzuarbeiten. Doch da Dieter Henrich während der letzten 25 Jahre immer weiter daran gearbeitet und immer neue Texte dazu veröffentlicht hat, wurde das geplante Vorhaben wieder zur Seite gelegt. Erst eine Einladung zu dem im Juli 2020 am Bielefelder *Zentrum für interdisziplinäre Forschung* (ZiF) von Manfred Frank und Jan Kuneš organisierten Autorenkolloquium *Dieter Henrichs Theorie(n) des Selbstbewusstseins im interdisziplinären Kontext*, zu dem der Verfasser über Henrichs frühe Selbstbewußtseinstheorie vortrug, brachte ihm das Projekt erneut nahe.[2] Dabei zeigte sich bei der Vorbereitung seines Beitrages, daß immer noch ein erheblicher Bedarf an einer solchen Einführung besteht. Ihre Ausarbeitung konnte aufgrund des vorhandenen Materials und des begrenzten Zwecks dann rasch erfolgen (v. a. im Sommer 2022). Einige Seiten des auf dem ZiF-Kolloquium vorgetragenen Textes »Die frühe Selbstbewusstseinstheorie Dieter Henrichs. Mit einem Ausblick auf die weitere Entwicklung« wurden dafür in leicht überarbeiteter und erweiterter Form aufgenommen (in den Abschnitten 2.1 und 2.2).[3] Das Übrige ist original verfaßt.

Manfred Frank und Jan Kuneš hat der Verfasser an dieser Stelle für die Gelegenheit zum Vortrag noch einmal zu danken, letzterem darüber hinaus auch für die vielen Gespräche, die er und der Verfasser seit Jahren über Dieter Henrichs Werk führen. Ein Dank geht schließlich auch an Stefan Lang und Gerhard Preyer für fruchtbaren Austausch.

Siglen

Für einige Texte werden, insbesondere in Abschnitten, in denen sie häufig zitiert sind, Abkürzungen gebraucht. Diese Abkürzungen sind im Textverlauf eingeführt (siehe dazu unten die Verweise auf die entsprechenden Anmerkungen in eckigen Klammern).

DS *Denken und Selbstsein. Vorlesungen über Subjektivität* [Anm. 30]

FL *Fluchtlinien. Philosophische Essays* [Anm. 12]

FuE »Fichtes ursprüngliche Einsicht« [Anm. 16]

IuO *Identität und Objektivität. Eine Untersuchung über Kants transzendentale Deduktion* [Anm. 77]

KE »Selbstbewußtsein – Kritische Einleitung in eine Theorie« [Anm. 16]

NiZ »Noch einmal in Zirkeln. Eine Kritik von Ernst Tugendhats semantischer Erklärung von Selbstbewußtsein« [Anm. 68]

SB »Selbstsein und Bewußtsein« [Anm. 16]

1. Einleitung
Zu Dieter Henrichs Begriff der Philosophie

Henrichs Theorie des Subjekts nährt sich aus verschiedenen Quellen. Da sind zum einen die Probleme und Fragen, die sich im Umkreis der Kantischen und nachkantischen Subjektphilosophien ergaben und denen Henrich als Interpret solcher Theorien nachgegangen ist. Einige von ihnen hat er bereits in seinen ersten philosophischen Arbeiten, wie etwa den für seine eigene Theorieentwicklung wichtigen Abhandlungen »Über die Einheit der Subjektivität« (1955) oder »Über System und Methode in Cramers deduktiver Monadologie« (1958) – die beide in der *Philosophischen Rundschau* erschienen –, behandelt. Seither hat er immer wieder wichtige, für sein eigenes Denken zentrale Theorieelemente in der Auseinandersetzung mit Autoren der sog. »klassischen deutschen Philosophie«, wie Fichte, Hegel, Hölderlin, Jacobi oder Reinhold, entwickelt und erprobt.[4] Er hat sich auf solche Theorien auch deshalb schon früh eingelassen, weil sie ihm als die beste Unterstützung bei der Erforschung eines Problemfeldes erschienen, das bisher noch kaum bearbeitet war. Zugleich zeigten sich aber auch bereits die Grenzen der idealistischen Zugänge zum Phänomen des Selbstbewußtseins. Henrich äußert sich zu seiner Ausgangslage im Rückblick:[5]

> Ich ging […] von der These aus: Wir wissen gar nicht, was eigentlich Selbstbewusstsein ist, zumindest nicht, wie ein begreifender und erschließender Zugang zu ihm von einem anderen oder von irgendeiner Begriffsform her zu gewinnen ist. Schließt man aber an die moderne Philosophie an, die von ihm als ihrem Prinzip ausgegangen war, dann befindet man sich wiederum auf einem unerkundeten Boden, von dem aus man dennoch seine Orientierung zu gewinnen hat. Und so habe ich mit einigem Erfolg in Deutschland versucht, deutlich zu machen, dass das schon allein deshalb ein philosophisches Thema ausmacht, weil es a) fundamental ist und

> b) nie angemessen thematisiert wurde. So ging es auch darum zu zeigen, dass weder Kant noch Fichte noch auch Hegel das Thema etwa erschöpft haben. Zwar brachten sie es in den Fokus, haben aber gleichzeitig das philosophische Potential, das in ihm gelegen ist, in eine Richtung geleitet, die zur Folge hatte, dass man sich von ihnen [sic!] abgewendet hat.

Zudem wurde Henrich schon als junger Mensch auf die Dynamik des »bewußten Lebens« mit seinen gegenläufigen Tendenzen aufmerksam. Dies zeigte sich zum einen biographisch, in den ersten Erfahrungen von Geborgenheit und Ausgeliefertsein, die sich nicht religiös auflösen ließen.[6] Zum anderen zeigte es sich aber auch am Beginn seines Studiums in der Faszination, mit der er auf die »Antithetik« verschiedener, anscheinend gleichwertiger und gleichmöglicher Theorien der Wirklichkeit »auf ein Ganzes hin« reagierte.[7] Die kritische Befassung mit solchen Theorien versprach einerseits eine »große Erweiterung des [geistigen] Horizonts«[8] und nährte andererseits die Hoffnung auf einen Verständnisrahmen, in dem sich auch die je eigene Subjektivität begreifen und einordnen ließ. Henrich sollte später den Eigentümlichkeiten des »bewußten Lebens« und ihrer Verwurzelung in der Struktur der Subjektivität mit eigenen Arbeiten nachgehen und sich hierbei auch verschiedentlich auf die Positionen und Analysen großer philosophischer Dichter wie Friedrich Hölderlin oder Samuel Beckett beziehen.

Schließlich ist noch Dieter Henrichs Philosophiebegriff zu nennen. Er ist für die folgenden Erörterungen von erheblicher Bedeutung, da er die Grundlagen von Henrichs Überlegungen zu den Fragen und Problemen von Selbstbewußtsein und Subjektivität im Rahmen *systematischen Denkens* darlegt. Obgleich auch sein Philosophiebegriff zum Teil erst das Resultat der langjährigen Forschungen Henrichs auf dem Weg zu einer eigenen Grundlegungstheorie ist, bezeichnet er doch auch Überzeugungen, die Henrich früh geleitet haben.

An verschiedenen Stellen seines Werkes hat Henrich Methodik, Gestalt und Zuschnitt einer Philosophie angesprochen, die einerseits die theoretischen Herausforderungen einer Theorie des Subjekts bewältigen kann, andererseits aber auch den aus seiner Subjektivität erwachsenden Orientierungsaufgaben des Menschen gerecht zu werden vermag. Letzteres soll dann besonders in seinen Arbeiten zum »spekulativen Denken« geleistet werden. Allerdings setzen diese bereits seine Analysen und Positionen zum menschlichen Selbstsein voraus. In einer weniger voraussetzungsreichen Weise hat Henrich in dem Aufsatz »Die Philosophie im Prozeß der Kultur – Überlegungen im Blick auf Deutschland«[9] von seinem Verständnis von Philosophie gehandelt.

Henrich unterscheidet dort zwei Typen der Philosophie, die auch zu unterschiedlichen Formen des Philosophierens führen: Philosophie als akademische Disziplin, d.h. als Wissenschaft, die sich in einem umfassenden Sinne mit der Struktur und dem Anspruch der menschlichen Rationalität befaßt (»Wissenschaftslehre«) – und Philosophie, die sich vor allem um das Selbstverstehen des Menschen und seine Lebensorientierung bemüht (»Weisheitslehre« bzw. »Lebenslehre«).[10] Alle große Philosophie, so Henrich, habe es verstanden, beide Aspekte miteinander zu verbinden. Dagegen sei der Versuch der Philosophie des 20. Jahrhunderts, Philosophie vor allem als *wissenschaftliche* Disziplin zu etablieren und so die eine Seite gegen die andere auszuspielen, gescheitert – selbst, wenn er zu größerer methodischer Sorgfalt und »Selbstkontrolle« im Denken geführt haben mag. Henrich zieht daraus die Konsequenz, daß die Philosophie zwar *methodisch* vorgehen, daß sie aber zugleich eine *ihr eigentümliche* Vorgehensweise finden müsse, die die Prozesse der menschlichen Selbstverständigung aufnehmen und dafür Lösungen formulieren kann, welche sich nicht nur theoretisch, sondern auch in den Lebensvollzügen der Menschen bewähren. Entsprechend dem Wandel der Voraussetzungen und Bedingungen solcher Prozesse (d.h. dem *kulturellen* Wandel) und den mit ihnen verbundenen Lebensvollzügen werden sich diese Lösungen auch immer wieder neu und anders gestalten müssen. Dauerhafte Resultate, wie sie bestimmte Wissenschaften anstreben, sind der Philosophie in dieser Hinsicht verwehrt.[11] Deshalb ist Philosophie in *diesem* Sinne auch nicht als »Forschung« möglich.[12] Doch als eine Konzeption, in der der Mensch in ein »allseitig durchdachtes Verhältnis« zu sich treten kann, ist sie sowohl möglich als auch nötig. – Eine solche Philosophie ist laut Henrich durch vier Eigenschaften zu charakterisieren: 1. Sie behandelt Probleme, die nicht von den Wissenschaften gelöst werden können. 2. Sie ist von einem »Widerspiel« von Typen grundlegender Lösungsansätze geprägt. 3. Sie reflektiert auf in der Vernunft selbst angelegte Täuschungsquellen.[13] 4. Sie ist geprägt durch eine Spannung von theoretischer Reflexion und Bewährung im Leben.

Wir sehen, daß Henrich das Selbstverstehen des Subjekts sehr viel weiter und grundlegender faßt, als es die gewöhnliche Bezeichnung »Subjektivitätstheorie« vermuten läßt. Selbst wenn eine solche Theorie ihren Ausgangspunkt nicht allein von den Lebens- und Selbstdeutungen aus dem »bewußten Leben« nehmen sollte, so wäre sie ohne solche nicht nur unvollständig, sondern geradezu falsch. Subjektsein ist nicht unter der Lupe zu betrachten und zu verstehen, sondern nur im Zusammenhang mit den Tendenzen und Wandlungen des Lebens und dessen Deutungen, auf die es hinausläuft und die in ihm angelegt sind. Dies hat zum einen zur Konsequenz, daß Henrichs Definition von Philosophie unvereinbar mit gewissen szientifischen Konzeptionen ist, wie sie etwa die Phänomenologie oder die formalanalytische Philosophie des Wiener Kreises anstrebten. Solche Konzeptionen sind entweder nur unter Absehung von derartigen Deutungen zu verwirklichen oder unter einem objektiven, »interessefreien« Blickwinkel auf das Selbst. In beiden Fällen müssen sie sich zudem nicht in Lebenskontexten bewähren (und werden dies nach Henrich auch nicht vermögen). Die zweite Konsequenz von Henrichs Ansatz ist, daß der o.g. Bewährungsbegriff nun in die Begriffe von Rationalität und Angemessenheit einer Subjektivitätstheorie eingeht. Wenn daher eine Theorie inadäquat ist, weil sie nicht viel mehr leistet, als die (transzendentalen) Bedingungen des Welt- und Selbstverstehens anzugeben, und dieses Verstehen und das Leben, auf das es bezogen ist, nicht als notwendige Komplemente im Begriff der menschlichen Subjektivität begreift, dann muß im Gegensatz dazu in einer *adäquaten* Theorie die Relativität von kulturellen, sozialen, sogar individuellen Standpunkten und Erlebnisweisen erfaßt und bedacht sein. Die Adäquatheit einer solchen Theorie bemißt sich damit nicht allein an theoretischen Kriterien wie Konsistenz, Kohärenz, Plausibilität usw., sondern daran, ob sie dies bestimmte Leben und das Selbstverstehen des Subjekts in einem solchen Leben in ihrer jeweiligen Widersprüchlichkeit und Fragwürdigkeit *so* leiten und zur Erfüllung bringen kann, daß ein Mensch, wie Henrich schreibt, sein

Leben danach auch zu »führen« vermag. Henrich kann dabei sogar von der »Wahrheit« der Theorie sprechen (und nicht, wie dies hier geschieht, nur von ihrer »Adäquatheit«).[14] Eine solche Theorie des Subjekts ist deshalb auch nicht nur an anderen *philosophischen* Theorien zu messen, sondern an Selbst- und Lebensdeutungen ganz verschiedener Herkunft wie etwa der Religion, der Kunst oder der nicht-philosophischen Lebenslehren und »Weltanschauungen«. Auch das unterscheidet sie von einer wissenschaftlichen Theorie.

Henrich ist sich der Schwierigkeiten seiner Konzeption deutlich bewußt. Da sie für ihn allerdings zwingend aus der Analyse der menschlichen Subjektivität und schon des menschlichen Selbstbewußtseins im engeren Sinne hervorgeht, kann sich die Philosophie den damit verbundenen Aufgaben nicht entziehen. Henrich hat in einem anderen Text die Maximen dargelegt, die die Philosophie bei der auf Wahrheit orientierten Analyse von Selbstdeutungen und Lebensvollzügen zu beachten hat.[15] Da sie wohl auch die Grundsätze seiner eigenen Arbeiten darstellen, seien sie hier zitiert.

> (1) Sie [die Philosophie] muß untersuchen, unter welchen Bedingungen eine Überzeugung, die aus dem Leben hervorgeht und die insofern Fiktion ist, ohne Vorbehalt als wahr soll gelten können. (2) Sie muß aus der Untersuchung der Verfassung des bewußten Lebens Stationen auf seinem Gang und Weisen seiner Erfahrung aufschließen, und zwar so, daß auch bei dem, der in der diagnostischen Distanz zu diesem Leben verharrt, die Meinung ins Wanken kommt, die in solche Erfahrungen eingehenden Überzeugungen könnten am Ende doch gar nichts anderes als lebensdienliche Fiktionen sein. (3) Sodann gehört zu einem aufgeklärten Festhalten an der Wahrheitsfrage in Beziehung auf Lebensdeutungen auch noch ein Gedanke, in dem der Gang der Subjektivität zu einem Prozeß, der ihr vorausliegt, und somit vermutlich zum Prozeß von einem Absoluten so ins Verhältnis gesetzt ist, daß es möglich wird, es sich begreiflich zu machen, wie ein Geschehen, das Überzeugungen aus sich herausbildet, nichtsdestoweniger einem anderen Geschehen, hinsichtlich dessen es diese Überzeugung hegt, in Wahrheit *entsprechen* kann. (4) Schließlich muß sie Rechenschaft darüber geben, in welchem Sinne Lebensdeutungen, die im Konflikt miteinander stehen und die deshalb nicht zugleich wahr sein können,

> dennoch einen Wahrheitsbezug haben, wenn sie selbst schon nicht in absolutem Sinne wahrheitsfähig sind. Das setzt voraus, daß ein Stadium der Entfaltung des bewußten Lebens ins Auge gefaßt wird, dessen Selbstdeutung mit allen, die ihm vorausgingen, und mit den Evidenzen, die zu deren Selbstbeschreibungen führten, eine Kontinuität zu wahren vermag.

Henrichs Konzeptionen von »spekulativem Denken« und »Metaphysik« werden schließlich den philosophischen Rahmen dafür bieten, wie sich Henrich die »Erfüllung« der hier aufgeführten Kriterien vorstellt. Davon wird noch zu handeln sein. Zunächst ist es erforderlich zu verstehen, wie Henrich zu diesem anspruchsvollen Begriff des Subjekts – der ja auch seinen Begriff der Philosophie prägt – gelangt. Auch wenn bestimmte hier angesprochene Motive schon in seinen frühen Arbeiten erkennbar sind, ist die Ausgestaltung der damit verbundenen Theorie erst erfolgt, als Henrich gewisse grundlegende Resultate und Erfahrungen mit alternativen Formen des Verständnisses von Selbstbewußtsein und Ich-Gedanken gewonnen hatte. Seine damit verbundenen Arbeiten sind, obwohl Henrich von ihrer Perspektive später teilweise wieder abgerückt ist, bis heute bedeutsam.

2. Frühe Selbstbewußtseinstheorie

2.1 Problemexposition mit Johann Gottlieb Fichte (1966)

Henrichs Forschungen zur Subjektivitätstheorie beginnen mit der Frage, was das »Ich« bzw. Selbstbewußtsein in seiner Struktur ausmacht. Sie sind sowohl dazu gedacht, die Rede von »Ich« und »Selbstbewußtsein« bei Immanuel Kant und seinen Nachfolgern aufzuklären als auch die damit verbundene Sachthematik zu erschließen.[16] Seine frühe Hinwendung zur klassischen deutschen Philosophie hatte vor allem damit zu tun, daß in ihren Entwürfen das Selbstbewußtsein, sei es als transzendentales Ich oder als Selbstbewußtsein des Geistes bei Hegel, einen zentralen Stellenwert einnahm. Daher bestand für Henrich die Hoffnung, daß die Analyse dieser Theorien eine Grundlage für die Aufklärung des Phänomens von Selbstbewußtsein und Ich-Gedanken darbieten konnte.

Henrichs erste und sicher immer noch eine seiner bekanntesten Veröffentlichungen zu diesem Thema ist der Beitrag zur Festschrift für Wolfgang Cramer von 1966, »Fichtes ursprüngliche Einsicht«. Johann Gottlieb Fichtes »ursprüngliche« Einsicht, wie Henrich sie in diesem Text versteht, ist danach, daß Fichte das Scheitern der Definition von Selbstbewußtsein nach dem Modell der »Reflexion auf sich« erkannt hatte, einem Modell, dem noch Kant angehangen haben soll (FuE, 9/196).[17] Nach diesem Modell ist Selbstbewußtsein eine epistemische bzw. »vorstellende« Relation, die das Subjekt zu sich unterhält und die dadurch zustande kommt, daß es sich in einem intentionalen Akt auf sich zurückwendet und so ein Bewußtsein von sich erwirbt (ebd.). Fichte hat nach Henrich gesehen, daß mit diesem Modell mindestens zwei Probleme verbunden sind, die wir an dieser Stelle als das »doppelte Identifikationsproblem« bezeichnen können. Es handelt sich dabei zum einen um ein Konstitutions-, zum anderen um ein Wissensproblem: (1) Das Konstitutionsproblem besteht darin, daß das Subjekt des Bewußtseins bereits wissen muß, auf welches mögliche Objekt es sich zu richten hat, um dadurch Selbst-Bewußtsein *hervorzubringen*. Ein minimales Wissen um das »Selbst« muß also schon vorliegen, damit der vom Reflexionsmodell geforderte konstitutive Akt von Selbstbewußtsein überhaupt möglich ist; es kann nicht durch diesen Akt erst begründet werden. (2) Aber auch wenn ein solcher Akt gelungen sein sollte, reicht es noch nicht aus, daß das Objekt bzw. der Inhalt eines solchen Aktes unter irgendeiner Beschreibung figuriert, die ihn als das Subjekt von Selbstbewußtsein ausweist. Vielmehr muß das Subjekt des Reflexionsaktes sich im Inhalt des Selbstbewußtseinsaktes unmittelbar und zweifelsfrei als solches *erkennen* (bzw. wissen), damit Selbstbewußtsein nach diesem Modell gelingen kann. Auch hier wäre also ein Wissen darüber, *was* das Subjekt von Selbstbewußtsein ist, für den Reflexionsakt bereits vorauszusetzen und ließe sich nicht durch ihn erst begründen. – Das Reflexionsmodell ist somit nicht nur undurchführbar, sondern wird durch seine eigenen Voraussetzungen auch nachgerade überflüssig. Fichte hat dies nicht bloß bemerkt, sondern er hat nach Henrich in mehreren Versionen seiner *Wissenschaftslehre* Selbstbewußtsein bzw. »Ich« so zu verstehen versucht, daß sich solche Zirkel der Selbstvoraussetzung nicht mehr ergeben (FuE, 15 ff./198 ff.). Dafür hat Fichte nacheinander drei »Formeln«, wie Henrich sich ausdrückt (FuE, 14/197), in verschiedenen Texten aufgestellt:

1. »Das Ich setzt schlechthin sich selbst« (FuE, 15–19/198–202).[18]
2. »Das Ich setzt sich schlechthin als sich setzend« (FuE, 19–23/202–206).[19]
3. »Das Ich ist eine Kraft, der ein Auge eingesetzt ist« (FuE, 23–35/206–218).[20]

Diese Formeln markieren nach Henrich einen sukzessiven Erkenntnisfortschritt im Verständnis einer *nicht-zirkulären* Definition des Selbstbewußtseins, ohne jedoch ihr Ziel vollständig zu erreichen. Die erste Formel Fichtes von 1794, »Das Ich setzt sich schlechthin«, sieht Henrich dabei geradezu als Gegenentwurf zum Verständnis von »Ich« nach dem Reflexionsmodell an (FuE, 16/199). Nicht durch eine selbstbezügliche Relation des Ich, die sein Selbstbewußtsein konstituiert und es im Wissen von sich erhält, sondern nur durch einen unmittelbaren Akt des Hervortretens des *ganzen* Ich bestehen Selbstbewußtsein und wissende Selbstbeziehung, ohne daß dafür das Ich als Akteur noch irgendwie vorauszusetzen wäre. Subjekt und Objekt der Ich-Handlung werden also von vorneherein als identisch betrachtet und müssen nicht erst, wie im Reflexionsmodell, miteinander vermittelt werden. Somit scheint dessen zirkuläre Struktur durch den Begriff der »Selbstsetzung« vermieden zu werden. Henrich schreibt dazu (FuE, 16 f./199 f.):

> Das Setzen des Ich ist ein Setzen *schlechthin*. Das meint, daß es nicht erfolgt durch ein zuvor schon Gesetztes oder mit Beziehung auf ein solches. »Das Ich setzt sich schlechthin, d.h. ohne alle Vermittlung«. Anderes Setzen bewirkt möglicherweise nur, daß ein Akt des Wissens zum Selbstbewußtsein kommt, hat also dasselbe Resultat wie eine Reflexion. Auf solche Weise bleibt Ich unverständlich. Deshalb muß es gedacht werden als jenes Setzen ausgezeichneter Art. Fichtes Rede vom ›Setzen‹, die er niemals definiert, eignet sich dazu, beides in einem zu formulieren: Daß etwas schlechthin ohne vorgängigen Bestand hervortritt und daß es im Hervortreten in Beziehung zum Wissen kommt. Was schlechthin *sich* setzt, das kommt ohne weiteren Grund zum Fürsichsein.

Dennoch zeigt diese Formel noch Schwächen, die Fichte auch gesehen hat und die ihn sie später wieder ändern ließen. In dem Satz »Das Ich setzt *sich* schlechthin« wird nämlich erneut eine Unterscheidung vorgenommen, und zwar diesmal zwischen der hervorbringenden Ich-Tätigkeit und dem davon hervorgebrachten Selbstbewußtsein des Ich, d.h. zwischen »Produktion« und »Produkt«, wie sich Henrich ausdrückt (FuE, 17/200). Damit stellt sich die Frage, wie sich das Wissen von sich als Resultat zu seinem eigenen Grund, d.h. der ihrerseits grundlos hervortretenden Ich-Aktivität, verhält. Umfaßt es diese Aktivität nicht, dann weiß das Subjekt nichts von seinem eigenen Wissensgrund, hat also kein vollständiges Selbstbewußtsein. Umfaßt es diese Aktivität aber, dann muß das Selbstbewußtsein des Subjekts sich auf die es selbst konstituierende Tätigkeit richten, deren *Produkt* es doch erst sein soll. (Selbstbewußtsein müßte also selbst die Tat sein, die es hervorbringt.) Verschärft wird diese Lage noch dadurch, daß die Selbstsetzung des Ich durch Fichte als freie Handlung verstanden wird, die z.B. durch einen Aufruf bzw. einen Appell oder eine Aufforderung hervortritt.

Doch damit ein solcher Appell eine Wirkung haben kann, muß er auf ein Subjekt bezogen – durch es »angeeignet« (FuE, 19/202) – werden können, dessen Auftreten doch wiederum allererst durch ihn hervorgerufen werden soll. Man sieht somit, daß in Fichtes Formel neue zirkuläre Strukturen eingeschlossen sind, die durchwegs das Wissen von sich in den (hervorgerufenen) Ichtätigkeiten voraussetzen, durch welche es doch erst hervorgebracht werden soll.

Die Formel, die daher ab 1797 auftritt, soll, laut Henrich, genau dieses Problem beheben: »Das Ich setzt sich schlechthin *als* sich setzend«. Damit ist das Wissen vom Sich-Setzen bereits als ein Teil der Ich-Aktivität verstanden. Das Subjekt setzt sich also nicht, wie noch nach der Interpretation der Formel von 1794, ohne dies zugleich im Wissen um diese seine Tätigkeit zu tun. Statt dessen ist nun das Wissen um die Ich-Aktivität genauso »schlechthin« wie die Aktivität selbst. Insofern wird »Ich« jetzt nicht nur als absoluter Konstitutionsakt, sondern zugleich auch als absolutes Wissen von sich verstanden. – Doch als *Wissen* ist es Begriff oder Gedanke von sich. Das besagt auch der Definitionsteil »*als* sich setzend«, der eine mehrgliedrige Repräsentationsbeziehung anzeigt. Würde man ihn hingegen als Ausdruck eines unmittelbaren Gewahrens auffassen (dessen, was man um 1800 eine »Anschauung« nannte), so wäre das Selbstbewußtsein nur ein nicht-wissendes Gewahren seiner, d.h. im Grunde nur eine *anonyme* Form von Selbstbewußtsein. Damit wären wir aber wieder beim o.g. zweiten Identifikationsproblem gelandet, das entweder eine zirkuläre Definition von Selbstbewußtsein unterstellt oder zu einem Selbstbewußtsein führen muß, das nicht von sich weiß. Dagegen ist die neue Formel so zu verstehen, daß die Aktivität des Hervortretens des Ich nach Fichte nicht nur von einem unmittelbaren Sich-Gewahren dieser Ich-Aktivität, sondern auch von einem *Sich-Wissen* in dieser Aktivität begleitet ist. Die wissende Selbstbeziehung, in der das Subjekt in diesem grundlosen Prozeß des Hervortretens von Anbeginn an steht, ist mithin sowohl Anschauung als auch Begriff (FuE, 20f./203f.). Die damit entwickelte neue Konzeption der Ich-Aktivität vermeidet die Zirkularitäten des ursprünglichen Begriffes des Selbst-Setzens. Aber sie besteht nicht bloß in einem komplexeren Begriff, sondern sie charakterisiert auch eine komplexere Ich-Aktivität, die nun nicht nur eine Konstitutionshandlung, sondern auch eine in sich selbst schon komplexe Perzeptionshandlung bzw. einen entsprechenden Gedanken einschließt. Wie diese aufeinander nicht reduziblen Handlungsarten in der Ich-Aktivität verbunden sind, bleibt bei Fichte jedoch unklar. Ihre Verbindung setzt aber etwas voraus, das sie hervorbringt. Henrich schreibt (FuE, 23/206): »So bildet sich ein Gedanke aus, der dem tätigen Ich einen tätigen Grund vorausdenkt, aus dem sich die gleichursprüngliche Einheit seiner Momente erklärt, der aber nicht in ihm zur Präsenz kommt. Nicht er, sondern erst sein Resultat kann ›Ich‹ genannt werden. Denn ›Ich‹ meint Fürsichsein. Die Bedingung seiner Einheit ist aber nicht sein Thema, sondern nur sein Ursprung.« Der Versuch, die Zirkularität in der Definition von Selbstbewußtsein, und zwar sowohl seines Ent- als auch seines Bestehens, zu vermeiden, führt zu einem Begriff von Selbstbewußtsein als einer komplexen Einheit, die nicht mehr aus ihr selbst heraus hinreichend erklärt oder verstanden werden kann. Dies hat laut Henrich am Ende auch Fichte eingesehen, weshalb er wenige Jahre später einen neuen Definitionsversuch vorlegte.

Fichte mußte dabei den Gedanken, das Sich-Wissen des Subjekts als ein Resultat seines Sich-Setzens hervorgehen zu lassen, aufgeben. Es reifte in ihm vielmehr die Einsicht, daß die Verfaßtheit des seiner selbst bewußten und darum wissenden Ich nicht ein Ergebnis von dessen Aktivität sein konnte, sondern in einem im Selbstbewußtsein als solchen nicht mehr präsenten *Grund* verankert sein mußte. Ausdruck fand Fichtes neue Position auch dieses Mal wieder in einer Formel: »Das Ich ist eine Kraft [bzw. wie es auch heißt: »eine Tätigkeit«], der *ein Auge eingesetzt ist.*« An dieser neuen Definition ist zweierlei beachtenswert: erstens (a) der doppelte Sinn des Wortes »Auge« und zweitens (b) die Ausdrucksweise, daß das Auge »eingesetzt« ist. (a) Der Ausdruck »das Auge der Tätigkeit« kann einmal als *genitivus subjectivus* verstanden werden, wonach das Auge das dem Tun zukommende Wissen von diesem Tun darstellt, also wissende Selbstbeziehung dieser Aktivität ist. Zum anderen kann der Ausdruck aber auch als *genitivus objectivus* verstanden werden, und zwar derart, daß das Auge, d.h. das Wissen, die Tätigkeit des Ich *leitet*, nämlich durch seinen Begriff (FuE, 24f./207f.). In diesem Fall ist das Wissen von sich nicht nur eine Art der Registrierung der Ich-Aktivität, sondern es hat an dessen konstitutivem Prozeß entscheidenden Anteil. Da beides nach Fichte unmittelbar und untrennbar voneinander besteht, darüber hinaus das seiner selbst bewußte Ich auch nur durch diese Verbindung definiert werden kann, läßt sich vom Subjekt des Selbstbewußtseins pauschal als von einer »Augentätigkeit« sprechen (so Henrich in FuE, 25/208, siehe auch 33 ff./216 f.). (b) Zu beachten ist aber auch Fichtes Redeweise von der »Einsetzung« des Auges. Während nach den früheren Formeln das Selbst-Wissen des Ich »gesetzt« war, ist es nun, wie man es mit einem eigenen Ausdruck Fichtes nennen kann (FuE, 22/205), »gleich ursprünglich« mit dem Setzen des Ich, das es ebenso erfaßt wie sein eigenes »Sehen«. Doch beschreibt die neue Formel nur noch die Prozeßweise des Ich, d. h. das *Faktum* des Selbstbewußtseins; über seine Entstehung und die Entstehungsbedingungen erteilt sie keine Auskunft mehr. Zwar verankert sie das Sich-Wissen der Ich-Tätigkeit in einem mit diesem gemeinsamen Grund, und damit auch die notwendigen Elemente eines solchen Wissens, die Ich-Anschauung und den Ich-Begriff. Doch zur (zirkelfreien) Vermittlung der Elemente des Wissens von sich hat die neue Formel nichts zu sagen. Wie sich Anschauung und Begriff in einem solchen Wissen so aufeinander beziehen, daß sie ein zweifels- und irrtumsfreies Selbstbewußtsein bilden, bleibt unerfindlich.[21] Henrich resümiert deshalb (FuE, 35/217 f.):

> Zunächst meinte Fichte, die Selbstgenügsamkeit dieses tätigen Wissens [sc. des Vollzuges des ›Ich‹] lasse sich nur als die Tat der Freiheit deuten [gemäß der ersten Formel aus der Wissenschaftslehre von 1794/95]. Dann aber hat er sich davon überzeugt, daß es ein Tun ist, das immer schon wissend ist. So kann es nicht wissend werden durch sich. Daraus folgt dann, daß es nur der letzte Sachverhalt ist, der unserem Erkennen im Rückgang zu den Gründen gegeben sein kann, – nicht aber das letzte Thema unseres Fragens. ›Ich‹ ist weder Grund seiner selbst noch unbedürftig jeder weiteren Begründung. Wir müssen in ihm Momente unterscheiden, die doch in einem Zusammenhang stehen, der unauflösbar ist. Nach dem Ursprung des Zusammenhanges müssen wir also fragen dürfen.

Soweit Henrich. Wenn wir das bisher Gelesene bedenken, werden wir feststellen, daß sein Text »Fichtes ursprüngliche Einsicht« tatsächlich eher die Exposition des Problemfeldes darstellt, als daß es selbst schon eine eigene Theorie des Selbstbewußtseins enthält.[22] Zwar finden sich weiterführende Hinweise dazu in Henrichs Text, etwa daß die wissende Selbstbeziehung eine besondere epistemische Form haben könnte, daß das Ich als »Erscheinung« oder »Manifestation« seines Grundes zu verstehen ist (FuE, 37 f./220) und daß sich in ihm die Allgemeinheit von Selbstbewußtsein und die Einzelnheit desjenigen Individuums verbinden, dessen Selbstbewußtsein es ist (FuE, 47 f./230). Doch mehr als Andeutungen sind das nicht. Der Hauptzweck von Henrichs Arbeit scheint vielmehr darin zu liegen, die Schwierigkeiten und relevanten Aspekte herauszuarbeiten, die sich mit der Aufgabe verbinden, eine triftige Theorie des Selbstbewußtseins zu entwickeln. Die Vorgehensweise des Textes ist dabei *hermeneutisch* (im Gegensatz zu Henrichs späteren Entwürfen der siebziger Jahre), d.h. die Aufgabe wird durch die Auseinandersetzung bzw. den Dialog mit den Argumenten eines klassischen Autors erfüllt. Zugleich wird eine Reihe von Motiven entwickelt, die später in Henrichs eigenen Entwürfen wiederkehren, wenn auch zuweilen in verwandelter Form. Dazu gehören die Aufdeckung von »zirkulären« Erklärungs- und Beschreibungsformen von Selbstbewußtsein; die spezifische Wissensform, die Selbstbewußtsein auszeichnet; seine Komplexität und die Grenzen ihrer Analyse; die Gleichursprünglichkeit seiner Elemente; der Gedanke von einem ihm selbst unverfügbaren Grund seines Ursprungs und seiner Verfaßtheit. Als Ausgangspunkt der folgenden Entwürfe sind ferner wichtig einige *negative* Resultate von Henrichs Fichte-Diskussion. Die Einsicht in die Gegründetheit von Selbstbewußtsein verweist zum einen darauf, daß die komplexe Struktur des Ich nicht aus einem seiner Elemente vollständig erklärt oder hergeleitet werden kann, und zum anderen impliziert sie, daß weder Einheit noch Ursprung des Selbstbewußtseins aus seiner bloßen Verfaßtheit als Subjekt verstanden werden können. Darüber hinaus deutet sie darauf hin, daß besondere Anstrengungen unternommen werden müssen, einen nicht-zirkulären Begriff des Selbstwissens des Ich zu entwickeln, der auch klassische Wissenselemente wie »Begriff« und »Anschauung« in ihrem Verhältnis zueinander aufzuklären vermag. Es sind diese Schwierigkeiten und Herausforderungen, denen sich Dieter Henrichs folgenden Konzeptionen stellen sollten.

2.2 Eigene Entwürfe zu einer Erklärung von Selbstbewußtsein (siebziger Jahre)

I. Den ersten im engeren Sinne *systematischen* Versuch, Selbstbewußtsein zu definieren, hat Henrich in einem weiteren Festschriftbeitrag vorgelegt. Es ist der Aufsatz »Selbstbewußtsein – Kritische Einleitung in eine Theorie« aus dem ersten Band der Festschrift für Hans-Georg-Gadamer von 1970. Der Text ist insofern eine »kritische« Einleitung in das Thema, als Henrich ihn mit einer Durchmusterung der ihm bis zu dieser Zeit bekannten neueren Theorien des Selbstbewußtseins beginnt und sie auf ihre Leistungsfähigkeit dazu befragt, ob sie ein sowohl erklärungsmächtiges als auch konsistentes Verständnis des Phänomens anbieten können (KE, 259–269). Das Resultat des Durchganges ist jedoch, daß dies sowohl Theorien, die auf die Annahme eines Subjekts (»Ich«) verzichten, als auch egologische Theorien nicht vermögen: die einen, weil sie ein reduktives Bild von Selbstbewußtsein zeichnen, die anderen, weil sie die Zirkel des Reflexionsmodells nicht umgehen können. Henrichs Antwort darauf besteht nun nicht darin, eine verbesserte egologische Theorie zu entwerfen, sondern vielmehr darin, nur eine Theorie des *Bewußtseins* zu konzipieren, dies aber so, daß im Bewußtsein eine von ihm abhängende Funktion angenommen wird, die es jenem erlaubt, »Selbstbewußtsein« in einem sekundären Vorgang auszubilden (KE, 269–280). »Bewußtsein« ist dagegen ursprünglich nicht selbst Tätigkeit (wie es die Ich-Aktivität bei Fichte war), sondern nur eine sich ereignende »Dimension« (KE, 277, 280) oder ein »Feld« (KE, 276)[23] des Gewahrens bzw. der Erschlossenheit alles dessen, was überhaupt ein zugänglicher Sachverhalt menschlicher Subjektivität sein kann (KE, 274). Bewußtsein als solches steht damit auch (noch) nicht in einer wissenden Selbstbeziehung, sondern nur unter einer Art der Registrierung alles dessen, was sich in ihm jeweils ereignet (vgl. dazu auch SB, 12). Es hat weder *Wissen* von demjenigen, das sich darin ereignet, noch Selbstwissen, da es nicht begrifflich verfaßt ist. Allenfalls eine *anonyme* Form von Selbstbewußtsein kommt ihm zu (KE, 279). Die wissende Selbstbeziehung kommt ihm dagegen nur vermittelst der bereits genannten speziellen Funktions- oder Organisationseinheit zu, die wiederum die Eigenschaft, Selbstbeziehung zu sein, aufweist (im Gegensatz zum primären Bewußtseinsfeld). Diese Einheit, die Henrich schlicht »Selbst« nennt, ist ein aktives Prinzip und entspricht am ehesten dem, was wir unter »Ich« oder dem »Subjekt« von Selbstbewußtsein verstehen. Die Vermeidung der für egologische Theorien so bezeichnenden »Zirkularität« geschieht also nicht darüber, daß die reflexive Selbstbeziehung aus dem Modell verbannt wird oder daß sie keine Bedeutung für Selbstsein mehr hat, sondern darüber, daß die epistemisch entscheidende Eigenschaft vom Aspekt der gerichteten Handlung abgekoppelt wird! Der faktische (konstitutive) Selbstbezug findet in dem von ihr unabhängigen ubiquitären Bewußtseinsfeld statt und besteht nicht primär in einem bewußten auf sich gerichteten Akt, sondern nur noch in einem als solchem *selbstlosen* Bewußtsein *vom* Akt der Selbstbeziehung (KE, 276). Das Wissen der wissenden Selbstbeziehung wird zwar noch durch einen höherstufigen kognitiven Akt der Selbst-Funktion hervorgerufen, doch hat es die damit gewöhnlich verbundene Erschließungsaufgabe verloren. Diese kommt nur noch dem als solchem irreflexiven Bewußtsein zu, an dem das Selbst in einem gewissen Sinne parasitiert. Henrich kommentiert seine Konzeption folgendermaßen (KE, 276):

> Wegen seiner Fähigkeit, auf sich selbst zu reflektieren, kann dieses aktive Prinzip den Namen ›Ich‹, ›Selbst‹ oder ›Subjekt‹ zu Recht haben. Von entscheidender Bedeutung ist es aber, klarzumachen und daran festzuhalten, daß das *Gewahren* dieses aktiven Prinzips als solches keine aktive Leistung ist, daß es nicht einmal dem ›Ich‹ selber zugerechnet werden kann. [...] Die Idee des Selbst ist so sehr mit der Möglichkeit der frei vollzogenen Reflexion verbunden, daß eine Versuchung dahin zieht, auch noch die ursprüngliche Verfügung des Selbst über sich als ein Produkt seiner selbst auszugeben. Das Wissen des Selbst von sich ist aber eine Grundsituation, die nur etwa durch seine Funktion als organisierendes Prinzip des ichlosen Bewußtseins verstanden, nicht aber vom schon vorausgesetzten Ich abgeleitet werden kann.

Von ihrer Anlage her entspricht die Strategie Henrichs, das Selbstbewußtsein zu erklären, am ehesten der zweiten Formel Fichtes, daß sich das Ich selbst setzt *als* sich selbst setzend. Doch werden hier die beiden Vorkommnisse von »setzen« unterschiedlich verstanden. Und dieser Unterschied ist es auch, der die klassische Verbindung von Begriff und Anschauung im Akt des Wissens (wie sie bei Fichte noch Bestand hatte) auseinanderreißt und sie auf verschiedene Faktoren der wissenden Selbstbeziehung verteilt. Dadurch hört das Selbst auf, ein Grundelement (und Grundbegriff) des Selbstbewußtseins zu sein, und ist davon nur noch eine sekundäre Funktion. Es bringt wohl noch »Wissen« von sich zustande, erschließt aber nicht mehr dessen Objekt. – Methodisch betrachtet liegt mit diesem Entwurf das vor, was Henrich zu dieser Zeit eine »polyfaktorielle« Theorie des Selbstbewußtseins nennt.[24] Im Gegensatz zu einer »linearen« Theorie, die alle Elemente aus einem ableitet oder erklärt, operiert dieser Theorietypus mit gegeneinander relativ selbständigen Elementen (Faktoren), die wohl einen gemeinsamen Ursprung aufweisen, in dem sie auch »gleichursprünglich« (KE, 281) wurzeln, aus dem sie der Dunkelheit des Ursprungsverhältnisses wegen aber nicht vollständig erklärt werden können.[25] Auch wenn sich die Faktoren von Selbstbewußtsein nicht aufeinander reduzieren lassen, besitzen sie doch keine unabhängige Existenz, sondern sind durch den Zusammenhang, in dem sie auftreten, bestimmt.

Obgleich die in der »Kritischen Einleitung« entwickelte Theorie in einem gewissen Sinne grundlegend für sein ganzes weiteres Denken zu diesem Thema werden sollte, war Dieter Henrich schon bald nicht mehr zufrieden mit ihrer konkreten Gestalt.[26] Er hat sie daher in einem 1971 in Hamburg vorgetragenen, aber nie publizierten Text mit dem Titel »Selbstsein und Bewußtsein« modifiziert. Die Basistheorie ist hierbei die gleiche: Grundlegend ist wieder ein Bewußtseinsfeld, das durch ein primitives, aber anonymes Bewußtsein von sich geprägt ist. In ihm und durch es erst ermöglicht findet sich die Struktur des Selbst, welche zwar eine wissende Selbstbeziehung hervorbringt, aber doch so, daß sie zum *Gegebensein* ihres Gegenstandes nichts beiträgt. Modifiziert hat Henrich diese Theorie nun dadurch, daß er einen komplexeren Begriff des Selbst in sie einführt (SB, 12 f.). Dies geschieht zwar ohne konkreten Hinweis auf die Theorie in der »Kritischen Einleitung«, aber doch unter Erwähnung der »perniziösen Zirkel«, die auftreten, wenn man das Selbstwissen als Resultat oder Sachverhalt einer Selbst*beziehung* zu verstehen versucht (SB, 13). Wenn wir die Konzeption der »Kritischen Einleitung« daraufhin noch einmal in Augenschein nehmen, läßt sich auch relativ schnell ihre Problematik erkennen. Die Funktionseinheit des Selbst sollte dort das Wissen von sich, also Selbstbewußtsein des Subjekts in eminentem Sinn, hervorbringen, ohne doch für die dafür erforderliche Erschlossenheit des Bewußtseins und seiner Inhalte, d.h. ohne für sein Für-es-Sein die Verantwortung zu tragen. Wenn dadurch aber vollständiges Selbstbewußtsein bestehen soll, dann muß entweder gelten, daß das Bewußtsein sich über das Vehikel des Selbst auf sich beziehen kann. Doch ist dies kaum denkbar, da sich das Bewußtsein zwar aller Ereignisse bewußt ist, die in ihm vorkommen – und somit auch der Organisationseinheit »Selbst« – aber keine wissende Selbstbeziehung aufweist, sie somit auch nicht über irgendeine komplexere kognitive Funktionseinheit im nachhinein gewinnen kann (so Henrich selbst in KE, 278). Oder es gilt, daß das Subjekt von Selbstbewußtsein tatsächlich nur diese Funktionseinheit, das »Selbst«, ist. Doch muß sie sich auf das Bewußtseinsfeld so beziehen, als gehörte es zu ihr, d.h. das Bewußtsein muß, wie Henrich in der »Kritischen Einleitung« schreibt, »in einem abgeleiteten Sinne vom Selbst angeeignet« werden (KE, 279). Wie wir aber erfahren haben, sind in einer polyfaktoriellen Theorie die Elemente zwar in einer untrennbaren Verbindung miteinander, doch sind sie deshalb noch nicht aufeinander reduzierbar. Das Prinzip »Selbst« hätte somit ein Selbst-Wissen in Bezug auf etwas hervorzubringen, das sachlich von ihm unterschieden ist, auch wenn es seine Ermöglichungsbedingung darstellt, das also nicht in eigentlichem Sinne als das »Seine« aufgefaßt werden kann. Die trotz der innigen Verbindung bestehende Differenz der Funktionselemente macht somit eine wie auch immer verstandene wissende Selbstbeziehung unter ihnen unmöglich.

II. Es scheint diese Lage gewesen zu sein, die Henrich dazu geführt hat, das ursprünglich zweigliedrige Modell Bewußtsein–Selbstsein in ein dreigliedriges umzuwandeln (SB, 4–6). Neben dem Bewußtsein als Dimension des Gegebenseins besteht die zuvor »Selbst« genannte Funktion weiterhin, doch nunmehr aufgespalten in einen Ursprung der Aktivität des Selbst – der auch verantwortlich für diejenige Tätigkeit ist, die zum Selbstwissen führt – und einen

»formalen Selbstbezug«, der im Selbst als »Idee des Selbstbezuges« (SB, 13) existiert und unter welcher seine Aktivität auftritt. Diese Idee repräsentiert gleichsam das »für sich« einer jeden Handlung des Selbst. Statt daß das »Selbst« irgendeine Handlung oder Aktivität direkt auf sich bzw. auf das Bewußtsein vollzieht, handelt es vielmehr nur regelgeleitet *unter der Idee* seines Selbstbezuges (die hier also als Form der von seiner Aktivität unabhängigen Selbstrepräsentation fungiert). Mit dieser Strukturbeschreibung hoffte Henrich auch innerhalb der Funktionseinheit des »Selbst« alle möglichen Quellen für zirkuläre Verhältnisse beseitigt zu haben. Zugleich schien Henrich damit ein Problem zu vermeiden, das er schon im Zusammenhang der ersten Formel Fichtes für Selbstbewußtsein (»Das Ich setzt sich schlechthin«) diskutiert hatte: wie sich die *Aktivität* der Selbstfunktion und ihr Resultat, die wissende Selbstbeziehung, zueinander verhalten. In »Selbstsein und Bewußtsein« ist das Selbst-Wissen als einer der Faktoren von der es unterhaltenden und durch es angeleiteten Aktivität *getrennt* und ist damit, wie diese Aktivität, *gleichursprünglich* in der Sphäre des Bewußtseins verankert. Noch in der dabei angewandten Strategie begegnet uns wieder Fichte, genauer gesagt ein bestimmter Aspekt seiner dritten Formel für Selbstbewußtsein (»Das Ich ist eine Tätigkeit, der ein Auge *eingesetzt* ist«). Dem Fichteschen Auge entspricht in »Selbstsein und Bewußtsein« die »Idee des Selbstbezuges«, die gleicherweise in das Ich »eingesetzt« ist (obgleich sie eine weniger umfassende Aufgabe wahrnimmt als das Auge in Fichtes Formel) und die nicht auf die Aktivität des Selbst zurückgeführt werden kann. – Diese enge Verbindung der Faktoren führt nun laut Henrich zum einen dazu, daß wir uns in allen unseren Vorstellungen ohne zu zögern stets als dieselben ansprechen. Denn da das Selbst und seine Idee der Selbstbeziehung *Artikulationen* des Bewußtseins sind, von ihm also in einem gewissen Sinne »gehabt« werden, treten sie bei jedem Ereignis von Bewußtsein, das das »seinige« sein kann, in Aktion (SB, 13). Ferner sind alle Aktivitäten, die mit dem Selbst in Verbindung stehen (wie etwa das Zeitbewußtsein oder die Herausbildung einer Persönlichkeit) nur »Anwendungsfälle« (SB, 15) von Bewußtsein. Deshalb kann das Selbst den Gedanken der eigenen Bedingtheit nie ganz ablegen, und zwar unabhängig von der Tatsache des Ausgeliefertseins des Menschen an natürliche oder gesellschaftliche Prozesse. Henrich führt sogar religiöse Dependenzerlebnisse auf die ursprüngliche Differenz von Selbstsein und Bewußtsein und die Abhängigkeit jenes von diesem zurück (SB, 15). Auf der anderen Seite muß alle Wirklichkeitserfahrung (die immer Erfahrung von *Einzelnem* ist) innerhalb eines umfassenden Bewußtseins-Horizonts geschehen, der nicht seinerseits zum Gegenstand einer solchen Wirklichkeitserfahrung werden kann. Um diesen Horizont zu erfassen, ist daher eine andere Begriffsform erforderlich als die des »primären Weltbezuges« (SB, 16; siehe dazu v. a. SB, 17). Dies wäre eine Begriffsform, die die *Einheit* (bzw. den *Zusammenhang* von Selbstsein und Bewußtsein) zu artikulieren vermöchte.

2.3 Zwei Quellen der frühen Theorie des Selbstbewußtseins

Bevor wir uns dem schließlich erfolgenden Umbruch in der Entwicklung von Henrichs Theorie des Selbstbewußtseins widmen, ist es nützlich, auf gewisse Hintergründe von Henrichs Theorien aus dieser Zeit einzugehen. Zwei Autoren sind es insbesondere, die für die Struktur des Selbstbewußtseins in Henrichs Theorie in den sechziger und siebziger Jahren Pate gestanden haben: Jean-Paul Sartre und Immanuel Kant. Sartres Theorie des Selbst weist die größte Nähe zum Strukturmodell des Selbstbewußtseins auf, wie es Henrich damals ausarbeitete, und Immanuel Kants Analyse des transzendentalen Subjekts enthält entscheidende Gedanken zur Einheit und zur epistemischen Funktionsbeziehung der Glieder von Selbstbewußtsein in jenem Modell. Während für Henrichs Kant-Interpretation ein früher Beleg in Gestalt seiner ausführlichen Rezension von Martin Heideggers *Kant und das Problem der Metaphysik* (1951 in zweiter Auflage) vorliegt (1955),[27] hat Henrich seine Sartre-Interpretation vor kurzem (2016)[28] genauer bekannt gemacht.

I. Sartre trägt seine Theorie des »Ego« vor allem in zwei Texten vor: dem Aufsatz »La Transcendance de l'Égo« (»Die Transzendenz des Ego«, 1936) und seinem Hauptwerk *L'Être et le Néant* (*Das Sein und das Nichts*, 1943).[29] Henrich bespricht Sartres Theorie wegen der Verbindung der Selbstbewußtseinsproblematik mit dem Thema von »Sein« und »Nichts« bei Sartre, welches in Henrichs Buch über Samuel Beckett und Friedrich Hölderlin ausführlich diskutiert wird. Dabei versteht Henrich die Gedanken von »Sein« und »Nichts« grundsätzlich als solche, die dem Grenzbereich einer »natürlichen« Metaphysik angehören und damit zugleich in der Verfassung und den Tendenzen der menschlichen Subjektivität angelegt sind.[30] Die Werke von Samuel Beckett und von Friedrich Hölderlin stehen beispielhaft als poetische, aber auch als gedankliche und existentielle Auseinandersetzungen mit Formen des Lebens und der Lebensdeutung, die jeweils von diesen Gedanken bestimmt sind.[31] Für unsere Frage ist jedoch insbesondere Henrichs Charakteristik von Sartres Konzeption von Selbstbewußtsein und Selbstkenntnis bedeutsam. Die entscheidenden Aussagen Henrichs zu Sartres Überlegungen sind folgende:

Sartres Hauptthese lautet (S. 192):

> Die Bewusstseinsprozesse, die sich vollziehen, *ohne* dass in sie das Bewusstsein eines Subjekts eingeht, das in allen Gedanken und Zeitphasen dasselbe bleibt, sind von konstitutiver Bedeutung für die menschliche Existenz. Das Bewusstsein, das sich im Gedanken ›Ich bin‹ ausdrückt, ist dagegen eine sekundäre Tatsache, und zwar das Ergebnis einer spontanen Konstruktion, die ihrerseits im Bereich der primären Tatsachen des Bewusstseins vollzogen wird.

Zum Grund der Einheit des Ich bei Sartre heißt es (S. 194):

> Sartre fragt aber in anderer Weise [sc. als Heidegger] hinter diese Ich-Gedanken zurück. Er will zeigen, dass die Selbstbeziehung jenes Ich der Ich-Gedanken in einem tiefer angelegten ›Für-sich‹ gründet. Die Selbstbeziehung in dem, was man als ›Bewusstsein‹ versteht, ist also nicht zu destruieren. Doch tritt sie nicht ursprünglich in dem Wissen von sich hervor, das die Ich-Gedanken einschließt. Ein ›präreflektiertes‹ Selbstverhältnis wohnt jeglichem Bewusstsein inne und ist definitorisch für es. Es ist von einer bloßen Präsenz von Gehalten dadurch verschieden, dass es immer in einem Selbstverhältnis steht. Es liegt aber dem Subjekt voraus – und dies so, dass von ihm her Subjektivität verstanden werden muss.

Zu Sartres Einsicht in die Unmöglichkeit, Selbstbewußtsein durch Reflexion zu erklären, und seinen Schlußfolgerungen aus dieser Einsicht heißt es schließlich (S. 195 f.):

> Sartre sah schon in seinen ersten Arbeiten ein, dass es unmöglich ist, irgendeine Selbstbeziehung im Bewusstsein und Wissen durch einen Akt reflektierender Rückwendung auf sich *ursprünglich* zu verstehen. Da die Rückwendung auf etwas hin orientiert sein muss, setzt sie immer bereits ein Wissen von dem voraus, was ›selbst‹ heißt und was im jeweiligen Fall das ist, was als dasselbe gilt. So muss also etwas bestehen, was ›für sich‹ ist, ohne für sich durch sich zu werden – ein ›Für sich‹ vor aller Reflexion, ein präreflexives Bewusstsein. Es kann auch nicht kognitiv in einem normalen Sinn sein, also auf einem Begriffsgebrauch beruhen. Denn Begriffe sind auf den Gebrauch in Aussagen über etwas bezogen. Sie lassen sich nur bilden, wenn auch der Gebrauch von Aussagen beherrscht wird.

Dem aufmerksamen Leser wird die Ähnlichkeit von Henrichs eigener Theorie der frühen siebziger Jahre und Sartres Konzeption des »Ego« nach Henrich nicht entgangen sein. Folgende Merkmale sind dazu signifikant: (a) Die primäre Dimension eines Bewußtseins, das eigene Prozesse erlebt, ohne daß diese von Ich-Gedanken begleitet werden müßten, und das demgegenüber *sekundäre* Auftreten solcher Ich-Gedanken; (b) die Spontaneität von Ich-Gedanken (die sie als Handlungen ausweist) *innerhalb* des »Bereiches« des Bewußtseins, das selbst überwiegend rezeptiv und passiv ist; (c) die ursprüngliche (präreflexive und »nicht zu destruierende«) Selbstbeziehung des »Bewußtseins«, die selbst nicht Wissen ist (mithin begriffslos ist), jedoch allen Ich-Gedanken (die ihrerseits Wissen sind) vorausgeht und sie bedingt. (d) Indem das Bewußtsein Ich-Gedanken ermöglicht, sein eigenes Für-sich-Sein aber nicht »durch sich« ist, vermeidet Sartre schließlich auf doppelte Weise die Gefahr zirkulärer Bewußtseinsstrukturen (wenngleich er eine reflexive Natur von Ich-Gedanken nicht auszuschließen scheint, ohne daß diese jedoch *konstitutiv* für solche Gedanken wäre).

Selbst wenn Henrich Sartres Verständnis des Bewußtseins über die Struktur einer negativen Selbstbeziehung ablehnt (S. 199 f.), entspricht doch die übrige Beschreibung weitgehend dem zweigliedrigen Ansatz der »Kritischen Einleitung« (1970). Insbesondere Sartres Unterscheidung von »conscience (de) soi« und »conaissance de soi« – »(Selbst-) Bewußtsein« und »Selbstkenntnis« – wird durch Henrichs eigene Überlegungen erneuert. Sie weist das Bewußtsein in gewissem Sinne als *Grund* von Ich-Gedanken aus, letztere aber als bloße Ereignisse, die *innerhalb* des Bewußtseins auftreten. Ferner versteht sie Sartres Konzeption der Unbegrifflichkeit des »Für-sich« im Bewußtsein als eine Folgerung aus der Zirkularitätsproblematik. Ähnlich hatte dies Henrich in seinen frühen Entwürfen beschrieben. Allerdings war er sehr viel zurückhaltender als Sartre gewesen, bereits dem »Bewußtsein« irgendeine Form von »Für-sich« zuzugestehen. Wie wir gesehen haben, spricht Henrich zu dieser Zeit vom Bewußtsein nur als von einem »Feld des Gewahrens« oder der »Registrierung« dessen, was sich in ihm ereignet (KE, 274, 276 f.).[32] Darüber hinaus hat Henrich in seinen frühen Arbeiten die relative *Eigenständigkeit* der einzelnen »Faktoren« von Selbstbewußtsein betont und damit auch die des »Ich denke«. Noch 2017 weist er auf seinen Haupteinwand gegen Sartre hin:[33] Das »Ich« lasse sich aus der (einfachen) Struktur des Bewußtseins – *conscience (de) soi* – nicht so ohne weiteres herleiten.

II. Henrich hat Kants Position zur Einheit der Subjektivität zum ersten Mal in der schon erwähnten Heidegger-Rezension von 1955 diskutiert. Der Anlaß dafür war die Neuveröffentlichung von Heideggers o. g. Kant-Buch. Heidegger hatte die Einheit der verschiedenen transzendentalen Vermögen bzw. der beiden Erkenntnisstämme, die das Subjekt der Erfahrung nach Kant konstituieren, nicht in einer *Grundkraft* – einem »einfachen Aufbauelement«, wie Henrich formuliert – gesehen, sondern in einem nicht weiter rückführbaren oder deduzierbaren Ganzen, einem »letzten, gegliederten Sinnzusammenhang«.[34] In diesem Zusammenhang bestehen die Elemente bei Heidegger »gleichursprünglich« – wie Henrich mit Bezug auf Textstellen von Heideggers *Sein und Zeit* (1927) darlegt. Henrich präzisiert die »Gleichursprünglichkeit« und ihre Stellung in Heideggers Kant-Interpretation wie folgt:[35]

> Gleichursprüngliche Momente haben kein selbständiges Bestehen, sind aber auch nicht aufeinander rückführbar, sondern bilden die Einheit eines letzten gegliederten Sinnzusammenhanges (S. u. Z. 351). Dies ist im Doppelsinn des Wortes gemeint, das einmal den Hinweis auf einen gleichen (selben) Ursprung und zum anderen die gleiche (ebenbürtige) Ursprünglichkeit der Momente andeutet. So erklärt sich auch, daß an die Stelle des Begriffes der Einheit der Vermögen jetzt der der Ganzheit der Subjektivität treten muß. Einheit meint nämlich Selbigkeit der Momente, in der nur graduelle Modifikationen möglich sind, während Ganzheit das Zusammen verschiedener Momente bedeutet, von denen ein jedes essentiell auf das Gesamt aller verweist, ohne das eines selbst dies Gesamt wäre. (In diesem Sinne ist ein Organismus Ganzheit, nicht Einheit). [...] Der Begriff der gleichursprünglichen Sinneinheit ist also im bewußten Gegenzug gegen die Kategorien der Vermögenspsychologie gebildet. H. [sc. Heidegger] benutzt ihn im Kantbuch, um den Sinn der Stelle von der gemeinschaftlichen Wurzel zu erschließen, ohne daß er den Unterschied deutlich herausstellte. Die historische Meinung dieser Stelle deutet aber auf die Grundkraft der Vermögen, welche ein seiendes Aufbauelement ist, auf das als erstes identisch zugrundeliegendes die Vielheit der Phänomene der Subjektivität zurückgeleitet werden sollen [sic!]. Wir verstehen also nun, wieso H. sagen konnte, daß seinem Versuche nichts ferner sei als die Reduktion der Vermögen auf eine Grundkraft.

Heideggers Interpretation ersetzt somit Kants Auffassung von einer von ihnen sachlich verschiedenen »Wurzel« des Zusammenseins verschiedener Vermögen, welche Subjektivität aufbauen und ihrerseits prinzipiell rückführbar sind auf diese ihnen gemeinsame Wurzel oder Grundkraft, durch einen komplexen, aber *einheitlichen* Zusammenhang von Subjektsein, in dem die »Vermögen« gegeneinander zwar noch identifizierbar sind, aber sachlich von dem, was sie im Zusammenhang hält, nicht mehr abgegrenzt werden können. Sie konstituieren die Subjektivität nicht so sehr, als daß sie gleichsam deren »Momente« (im Sinne Hegels) sind, dabei sowohl voneinander wie von dem Ganzen, das sie ausmachen, untrennbar.

Nun ist nach Henrich auch Kant der Auffassung, daß die Vermögen der Subjektivität nicht auseinander abgeleitet werden können, und er ist ebenso der Auffassung, daß sie einen einheitlichen Zusammenhang bilden, der *seine* Grundlage genausowenig in einem einzelnen dieser Vermögen haben kann. Kant sieht diese Einheit aber nicht (wie Heidegger) in einem umfassenden *ontischen* Zusammenhang begründet, sondern vielmehr in einer funktionalen Beziehung, die zwar im Subjekt ihre Wurzel haben mag, doch dies so, daß ihr Grund jenseits unserer Erkenntnismöglichkeit liegt. Begreifen können wir indessen, daß und wie die Vermögen zusammenstimmen zu einem zweckmäßigen Aufbau der Subjektivität. Henrich nennt dies in seiner Rezension ihre »innersubjektive Teleologie«.[36] Auch die traditionelle Frage des 17. und 18. Jahrhunderts nach der Grundkraft der Seele muß in diesem Sinne umgedeutet werden. Sie betrifft, wie Henrich schreibt,[37] »nicht die Struktur von Subjektivität, sondern die Bedingungen der Möglichkeit einer solchen Struktur«. Hingegen hat Kant, so Henrich weiter, auf die Beantwortung der Frage nach der *Gestalt* der Einheit der Subjektivität (nicht bloß des Funktionszusammenhanges ihrer Glieder) verzichtet.[38] In seiner Heidegger-Rezension scheint sich Henrich mit dieser Kantischen Auskunft noch zu begnügen, auch wenn er sorgfältig auf die Gründe eingeht, die Heidegger und zuvor schon die Autoren des Deutschen Idealismus dazu führten, über den Kantischen Lösungsansatz hinauszugehen. Es ist erst die Befassung mit Fichte und vor allem mit Hölderlin[39] während der sechziger Jahre, die ihn selbst über dieses (kantische) Verständnis der Subjektivität hinausgehen läßt. Doch selbst dann entwickelt Henrich keine Variante der Grundkraft-Theorie des Aufklärungsdenkens und genausowenig eine moderne Fassung des »absoluten Subjekts«, sondern eine Weiterbildung der kantischen Konzeption in Richtung auf eine *hierarchische* Struktur der Funktionseinheit »Subjektivität«. Dies geschieht (wie wir bereits gesehen haben) darüber, daß das »Bewußtsein« als »Feld« verstanden wird, *innerhalb* dessen die höheren Funktionselemente oder, wie Henrich sie nennt, »Faktoren« (kognitives »Selbst« und Idee des »Für-sich«), operieren. Henrich wendet auf diese Elemente auch den in der Heidegger-Rezension schon vorkommenden Ausdruck der »Gleichursprünglichkeit« an (den Fichte ja bereits gebraucht hatte), verkürzt ihn aber um die Ganzheits-Dimension, mit der Heidegger ihn verstanden wissen wollte. Über die Gestalt des Zusammenhanges der Faktoren der Subjektivität (den Faktor ihres »Grundes« nun eingeschlossen) äußert sich Henrich hingegen zu dieser Zeit genausowenig wie Kant.

Henrichs eigener Ansatz, die Frage nach dem Aufbau und der Einheit von Selbstbewußtsein zu beantworten, ist in diesen Jahren also deutlich von der Kantischen Strategie bestimmt – auch wenn sich seine jeweiligen Versuche im einzelnen der Anregungen anderer Autoren wie v. a. Sartres bedienen.[40] Wir werden im Folgenden noch Gelegenheit haben, die enge Verbindung von Henrichs Kant-Interpretation und seiner Theorie des Subjekts bis in die Gegenwart hinein zu verfolgen (Abschnitt 3.5) – wobei sich die Wechselseitigkeit dieses Verhältnisses zeigen wird, da die Fortschritte in der Theorie von Selbstbewußtsein und Subjektivität wiederum zu Änderungen im Kantverständnis führen können. Noch müssen wir aber verstehen, inwiefern auch die Entwürfe der siebziger Jahre Henrich in eine Sackgasse führten und er seinen Ansatz erneut änderte.

3. Neukonzeption der Theorie des Subjekts nach 1980

3.1 Scheitern der frühen Entwürfe

Dieter Henrich hielt an der Konzeption, wie er sie in den Texten der frühen siebziger Jahre vorgestellt hatte, im wesentlichen während des gesamten Jahrzehnts fest. An dessen Ende zeigte sich jedoch, daß auch sie einer fundamentalen Schwierigkeit nicht gewachsen war.

Aus der Betrachtung der Probleme Fichtes mit seinem Versuch, eine nicht-zirkuläre Erklärung von Selbstbewußtsein zu entwickeln, ergaben sich anfangs zwei Alternativen. Die eine war, auf die Konzeption von Selbstbewußtsein als Ich-Bewußtsein ganz zu verzichten (indem das Auftreten der Zirkelproblematik als Indiz für die Falschheit der *egologischen* Konzeption von Selbstbewußtsein gewertet wurde) und zu versuchen, nur eine *anonyme* Form von Bewußtsein bzw. Selbstbewußtsein zu entwickeln. Die zweite Alternative bestand darin, an dem Ich-Gedanken zwar festzuhalten, aber auf den mit ihm in der Regel verbundenen Gedanken einer das Selbstbewußtsein und dessen wissende Selbstbeziehung *konstituierenden Handlung* des Ich zu verzichten. Der oben (Abschnitt 2.2, II) diskutierte Hamburger Vortrag »Selbstsein und Bewußtsein« geht im Grunde den zweiten Weg, nimmt aber dabei die Strategie des ersten mit auf, indem die Zuschreibungsfunktion (Ich-Gedanke) als *Artikulation* des anonymen Bewußtseins verstanden wird. Dadurch, daß das »Selbst« (das kognitive Funktionselement des Bewußtseins) die Idee seiner Selbstbeziehung (d. h. die »Idee des Ich«) auf sein ursprünglich anonymes Wissen von sich *anwendet*, soll erst vollständiges Selbstwissen begründet werden. Es war genau diese Strategie, die das neue Modell wieder in Frage stellte.

Die sich dabei ergebende Problematik hat folgende verschiedenen, miteinander verbundenen Facetten: (a) In Henrichs neuer

Konzeption tritt wieder eines der oben (Abschnitt 2.1) so genannten »Identifikationsprobleme« auf. Selbst wenn »Ich« nicht viel anderes als ein Etikett bezeichnen sollte, müßte es doch richtig angewendet werden. Das Subjekt – etwa das Subjekt des Handelns – müßte dafür von den übrigen Inhalten oder Elementen des Bewußtseins unmittelbar und unfehlbar unterschieden und herausgegriffen werden können. Doch setzte dies bereits ein Wissen über das Subjekt voraus, welches doch erst selbst aus der Anwendung des entsprechenden Gedankens hervorgehen soll. (b) Ein ähnliches Problem besteht dann, wenn wir die *Asymmetrie* in der »Wissens«-beziehung der verschiedenen Elemente der Subjektivität nach diesem Modell berücksichtigen. Das Wissen von sich soll in der Wissensbeziehung des Selbst auf das Bewußtsein und seine Gehalte unter der »Idee des Ich« zustande kommen, doch die Funktionen eines solchen Wissens (Selbst und Ich-Idee) sollen wiederum nur auf eine anonyme und nicht-begriffliche Weise durch das Bewußtsein »gewahrt« werden. Damit aber ist mit dem Selbst-Ich kein vollständiges Wissen seiner selbst verbunden; das Subjekt bleibt in bezug auf sich teilweise blind. Selbstbewußtsein im strengen Sinne ist so nicht möglich. (c) Diese Schwierigkeit führt zu einem verwandten Problem. Auch wenn es möglich wäre, durch die Anwendung der Idee »Ich« ein allgemeines Bewußtsein von sich hervorzubringen, wäre dies nicht das Selbstbewußtsein eines *einzelnen* Menschen. Aus der allgemeinen Idee eines Ich (»für sich«) resultiert noch nicht die Idee *meines* Ich (»für mich«)! Also kann diese Konzeption allenfalls *unpersönliches* Selbstbewußtsein definieren, aber nicht das eines bestimmten Individuums. – Mithin versagt auch diese Version des Modells der siebziger Jahre darin, Selbstbewußtsein (insbesondere so, wie wir es erleben) zu erklären.

Henrich hat das Scheitern seines Modells – das in der Ausarbeitungsstufe der »Kritischen Einleitung« auch publiziert war – nie öffentlich eingestanden oder diskutiert. In seinem 1982 herausgegebenen Buch *Fluchtlinien* – welches nicht nur die Thematik des Selbstbewußtseins, sondern weit darüber hinausreichend auch die Aufgabe einer kritischen Selbstverständigung des Menschen erörtert – hat dieses Scheitern jedoch einen ersten Niederschlag gefunden. Er zeigt eine grundlegende Neuorientierung in der Theorie des Selbstbewußtseins an. Henrich schreibt in einem längeren Absatz von *Fluchtlinien* folgendes Resümee über die (eigenen) Versuche, Selbstbewußtsein durch eine Faktorenanalyse zu bestimmen:[41]

> Ist die Strukturiertheit des Selbstbewußtseins erst einmal unstrittig, so stellt sich über jeden analytischen Versuch, seine Struktur näher zu charakterisieren, die noch entscheidendere Frage danach, was von einer solchen Analyse überhaupt erwartet werden kann. Die geläufigste Modellvorstellung davon, wie eine Analyse von Komplexen, deren Elemente aber von ihrem Auftritt in dem Komplex abhängig sind, verfaßt sein kann, ist das Verfahren des Aufweises von Wechselimplikationen. Man kann es ›Faktorenanalyse‹ nennen. Für eine eigentliche Aufklärung von Selbstbewußtsein ist dieses Verfahren aber ganz ungeeignet. Denn es setzt voraus, daß einzelne Faktoren so thematisiert werden können, daß deutlich wird, inwiefern sie nicht ohne andere fungieren könnten, die ihrerseits in der gleichen Weise angesprochen werden können. Angewendet auf den Fall von Selbstbewußtsein würde das bedeuten, daß man in ihm Faktoren benennt, ihre Wechselimplikation aufweist und aus dieser verständlich macht, worin Selbstbewußtsein besteht. Die Fundamentalität der Selbstzuschreibung schließt es aber aus, irgendeinen ihrer Faktoren zu bezeichnen, der selbst nicht schon dadurch, daß er einer Zuschreibung zugehört, die ›Selbst‹-zuschreibung ist, charakterisiert ist. Eben deswegen ist die Selbstzuschreibung fundamental, weil es keinen Faktor gibt, welcher derjenige wäre, durch den Faktoren der Zuschreibung, die nicht solche der Selbstzuschreibung sind, in den Zusammenhang der Selbstzuschreibung gezogen werden. Wäre ein solcher Faktor zu finden, so müßte er dasjenige sein, der [sic!] den Sachverhalt des ›selbst‹ in der Selbstzuschreibung ausmacht. Da es aber ein solches ›selbst‹ unabhängig von der Selbstzuschreibung gar nicht geben kann, würde ein solcher Faktor, wenn er sich finden ließe, wieder mit dem in sich komplexen Ganzen der Selbstzuschreibung zusammenfallen. [...] Selbstbewußtsein unterscheidet sich von dem Bestand einer Selbstbeziehung eben dadurch, daß derjenige, der in der Beziehung steht, und der, für den sie besteht, nicht voneinander verschieden sind. Hätte ich nicht schon die Möglichkeit, mich zu mir selbst zu verhalten, so könnte ich über kein Studium irgendwelcher Selbstbeziehungen in der Welt, und wären es auch solche, die (aus der

> Perspektive eines Dritten aus [sic!] gesehen) meine eigenen sind, zu einer Schlußfolgerung dahingehend veranlaßt werden, daß es mich gibt und daß ich mich wesentlich in einer solchen Beziehung befinde. Zwar schließt das ›ich‹ ein, daß das Reflexivum ›sich‹ gebraucht werden kann. Aber vom Reflexivum her ist auf keine Weise die entsprechende Form in der ersten Person zu gewinnen.

Henrich gibt damit den Versuch, Selbstbewußtsein als das Resultat eines Aufbauprozesses zu erklären, auf. »Selbst« bzw. *individuelles* »sich« läßt sich nicht als ein Faktor unter anderen isolieren und dann im Rückgriff auf einen regelgeleiteten Prozeß als Konstitutionselement von Selbstbewußtsein verstehen. Vielmehr sind alle Elemente von Selbstbewußtsein immer schon in einem spezifischen selbsthaften Zusammenhang verbunden; sie können nicht erst im nachhinein in einen solchen gebracht bzw. kann er nicht auf diese Weise erklärt werden. Das entscheidende Argument ist hierbei, daß »selbst« oder individuelles »sich« in der Erklärung von Selbstbewußtsein *de facto* stets schon vorausgesetzt ist. Dies ist es auch, was Henrichs eigene Versuche, es als *Resultat* des Zusammenspiels von Faktoren zu verstehen, ergeben hatten. Das bedeutet noch nicht, daß eine Analyse von Selbstbewußtsein und den Prozessen, die es einschließt, unergiebig geworden wäre. Nur *erklären* läßt es sich mit einer solchen Analyse nicht. – Durch Henrichs Resultate war aber auch die Methode der Faktorenanalyse in ihrer bisherigen Form obsolet geworden. Als deskriptives Verfahren, in der Darstellung der äußeren *Verfaßtheit* von Selbstbewußtsein, hat ihr Henrich auch später noch einen gewissen Wert zuteilen können. Selbst den Ausdruck hat er zuweilen noch verwendet. Der Grund hierfür war, daß er daran festhielt, daß Selbstbewußtsein gegliedert ist, d.h. eine Verfassung aufweist, die es weiterhin erlaubt, darin Elemente voneinander abzuheben. Selbstbewußtsein ist insofern kein ganz einfacher, homogener Zusammenhang. Nur der Versuch, diese Elemente gegeneinander zu isolieren und Selbstbewußtsein durch sie gleichsam »zusammenzusetzen«, war definitiv gescheitert. Interessant ist hierbei auch, daß sich Henrich *de facto* damit wieder Heideggers Deutung in dessen *Kant und das Problem der Metaphysik* annäherte (s.o. Abschnitt 2.3) – obgleich ihm Heideggers »Monismus« darin weiterhin fremd bleiben mußte.

Während für eine Analyse von Selbstbewußtsein nun vor allem noch das Instrument der Funktions- bzw. Leistungsanalyse übrigblieb (vgl. dazu insbesondere FL, 108, und unten Abschnitt 3.3), blieb eine Frage weiterhin offen: was die Einheit, die durch »selbst« bzw. individuelles »sich« ausgedrückt ist, allererst ermöglicht. Diese Frage war durch die Unmöglichkeit, es in Faktoren seines Aufbaus und Bestehens zu zerlegen, nicht überflüssig geworden. Genausowenig war aber auch die Frage beantwortet, welche *Folgen* die Verfassung von Selbstbewußtsein für das von ihm geführte Leben habe. Schon im Deutschen Idealismus war die Thematik ja nicht als isoliertes philosophisches Problem in den Blick gelangt, sondern als Fundament für Theorien der geistigen und praktischen Freiheit und somit auch eines sinnvoll geführten Lebens. Es war dieser »Kontext« des Selbstbewußtseinsphänomens, der im Folgenden stärker in den Blickpunkt von Henrichs Betrachtungen trat.

3.2 Subjektivität im »Grundverhältnis«

I. Bereits in den siebziger Jahren hatte Henrich erste Ansätze zur Erweiterung der Theorie des Selbstbewußtseins im Hinblick auf eine Theorie der Selbstverständigung des Subjekts vorgelegt. Vor allem das Prinzip der Selbsterhaltung, das, wie Henrich in einem Text[42] aus dieser Zeit darlegt (S. 83 ff., vgl. auch S. 109 ff.), fundamental für das Denken der Neuzeit ist, führt zur Frage nach seinem Verhältnis zum Selbstbewußtsein. Während Selbsterhaltung bewußtes Tun ist und die Gefahr des Selbstverlustes einschließt, scheint Selbstbewußtsein ungehinderte und unfehlbare Aktivität zu sein, gleichsam »causa sui«. Jedoch setzt Selbsterhaltung Selbstbewußtsein voraus (S. 98 f.); ein seiner selbst bewußtes Wesen muß insofern als solches schon um die Möglichkeit seines Endens und um seine Erhaltungsnotwendigkeit wissen, wenn es die Praxis der Selbsterhaltung überhaupt begründen können soll. Also kann Selbstbewußtsein nicht im Sinne einer reinen »causa sui« verstanden werden – mag dies auch »phänomenal« naheliegen –, sondern muß das Bewußtsein von der Möglichkeit seines Nichtseins einschließen. Henrich schreibt hierzu (S. 99 f.):

> Schon für die stoischen Denker war es nicht die physische Existenz, um deren Erhaltung wir zunächst besorgt sind, die die eigentliche Wirklichkeit unseres Wesens ausmachte – sondern der Bestand und die Leistung der Erhaltungskraft selber. Nicht nur durch Vertrautheit mit jenem, sondern ebensosehr durch die Vertrautheit mit der eigenen Kraft ist sein Wesen zu dem Individuum zusammengeschlossen, von dem allein mit Sinn gesagt werden kann, daß es Wissen hat von sich, seinem Untergang und von der ihm wesentlichen Möglichkeit, diesem Untergang zu widerstehen. [...] Selbstbewußtsein kommt überhaupt nur in einem Kontext zustande, der sich aus seiner Macht und Aktivität gar nicht verstehen läßt. Und es kommt in ihm so zustande, daß es von dieser Dependenz ursprünglich weiß. Deshalb hat es sich aus der Notwendigkeit zur Selbsterhaltung zu verstehen.

Und zuvor schon heißt es über denjenigen, der sich selber erhält (S. 99):

> (1) Er muß ein Bestimmter sein, um dessen Erhaltung es ihm geht; (2) die Kraft der Erhaltung kann nicht aus der Erhaltung selber entstehen; (3) sein ursprüngliches Gewahren seiner, die Voraussetzung der tätigen Selbsterhaltung, ist ein Ereignis, das er nicht als von ihm selbst erzeugt verstehen kann.

So stehen beide – Selbstbewußtsein und Selbsterhaltung – in einem »reziproken Abhängigkeitsverhältnis« (S. 123) zueinander: Weder ist Selbstbewußtsein im Rückgriff auf eine selbst-erhaltende Aktivität zu verstehen, noch ist der Prozeß der Selbsterhaltung der Person nach dem Modell des Cogito zu fassen (obgleich er Selbstbewußtsein natürlich voraussetzt). Und ebensowenig, wie es durch reflexives Handeln auf sich zustande kommt, ist Selbstbewußtsein reine Selbsthabe, frei von jeglichem Gedanken seiner Abhängigkeit oder Bedingtheit. Solche Gedanken kommen dem selbstbewußten Wesen vielmehr zu, und zwar gerade *kraft* der Eigenschaft, sich seiner selbst bewußt zu sein – unabhängig von den Lagen, in denen es sich darüber hinaus jeweils befinden mag.[43] Wir können hier erkennen, wie sich im Selbstbewußtsein nach Henrich eine innere Distanz zwischen dem ungehinderten Ich-Erleben als einem

»Aktivitätspol« und dem Bewußtsein der Abhängigkeit von einer umfassenderen Sphäre, die sowohl es als auch seine Weltbeziehung einschließt, auftut. Wir erkennen damit aber zugleich, wie Henrich in einem Stück der Analyse des *Welt*verhältnisses des Menschen (seinem Selbsterhaltungsstreben) die uns bekannte Konstellation von aktivem Selbst und passivem »Bewußtseins«-grund aus seinen früheren Entwürfen zum Selbstbewußtsein (Abschnitt 2.2) erneuert. Die Einsicht, die Henrich mit diesen Analysen verbindet, ist zu zeigen, daß *vernünftige* Selbsterhaltung nicht allein in Selbstdurchsetzung (Selbstmacht) bestehen kann, sondern auf die Spannung von Selbstzentriertheit des Subjekts *und* Bewußtsein von dessen Gegründetheit zu reflektieren hat (S. 101).

Für das *Verhältnis* von Selbstbewußtsein und Selbsterhaltung prägt Henrich in diesen Texten die Ausdrücke »Subjekt« bzw. »Subjektsein« sowie »Person« und »Personsein« (S. 122 f.), die in seiner späteren Konzeption zentrale Bedeutung haben sollten. Er betont an dieser Stelle auch bereits die spannungsreiche Einheit des Verhältnisses von Subjekt und Person und die damit verbundene Aufgabe, diese Spannung in einem entsprechenden Welt- und Selbstverständnis, das das Handeln des Menschen einschließt, zu überbrücken (S. 121 ff.). Die zwei grundlegenden Möglichkeiten des Scheiterns im Versuch, diese Aufgabe zu erfüllen, sind dabei, daß sich der Mensch entweder vor allem von seinem Subjektsein her versteht (was einschließen kann, daß er seine Selbsterhaltung gegen die Welt oder in Distanz zu ihr zu verwirklichen sucht und sich und die Welt auch aus einem solchen Distanzverhältnis heraus interpretiert) oder nur von seinem Personsein her (was wiederum dazu führen kann, daß sich das Selbstverständnis des Menschen um seine innere Welt verkürzt und er sich lediglich als Ding unter anderen Dingen versteht). Mit dieser Überlegung sind implizit zwei weitere Einsichten verbunden: Zum einen gibt es keine »harmlose« oder »neutrale« Theorie des Selbstseins, sondern eine solche ist immer Teil eines umfassenderen Sichverstehens des Menschen und schließt deshalb entsprechende Implikationen für dieses ein. Zum anderen kommt dem Sichverstehen des Menschen und seinem damit verbundenen Leben (»bewußten Leben«) eine spezifische Aufgabe in seinem Selbstsein zu, welche aus dessen im engeren Sinne konstitutiven Faktoren, wie sie Henrichs zuvor entstandene

Beiträge zu einer Theorie des *Selbstbewußtseins* behandelt haben, allein noch nicht zu verstehen ist. In beiden Einsichten dürfte eine maßgebliche Motivation für die Ausweitung des Blickwinkels auf die menschliche Subjektivität insgesamt in Henrichs späteren Texten liegen.

II. Der Grundgedanke von Henrichs Wendung in der Betrachtung von Selbstbewußtsein zu dieser Zeit ist bereits mit der Exposition des doppelten Aspekts der Subjektivität angesprochen, als »Subjektsein« und zugleich als »Personsein« zu bestehen. Henrich nennt diese Doppelaspekthaftigkeit der menschlichen Subjektivität in seinem Buch *Fluchtlinien* das »Grundverhältnis« (etwa FL, 20 ff., 104 ff., 151 ff.), zuweilen auch die »Grundverfassung des bewußten Lebens« (FL, 91).[44] Er charakterisiert es wie folgt (FL, 20 f.):

> Zum Menschsein gehört Selbstbewußtsein, – von sich selbst *als* von sich selbst wissen. Ein Wesen, das Selbstbewußtsein hat, muß sich aber von der Struktur dieses Bewußtseins her immer in einer doppelten Relation verstehen: als einer unter vielen und als einer gegenüber allem. Insofern der selbstbewußte Mensch einer unter anderen ist, ist er ›Person‹. Er weiß sich zu unterscheiden von allen anderen, weiß aber auch, daß er wie sie in die gemeinsame Welt gehört, – daß er als Person ein Lebewesen ist und einen Platz unter allen Weltdingen hat. In einer anderen Hinsicht ist aber jedes selbstbewußte Wesen radikaler [sic!] und von allem unterschieden, von dem es weiß. Es greift über die Welt als ganze aus und findet, was immer es in ihr denkt oder antrifft, in derselben Korrelation zu dem Einen, das es ist, insofern es von sich weiß. Die Welt ist ihm der Inbegriff dessen, was es überhaupt denken und antreffen kann. In diesem Sinn ist jeder Mensch nicht nur Person, sondern ebenso ›Subjekt‹. Daß er gerade diese Person ist, muß von ihm aus der Perspektive seiner Subjektivität heraus als zufällig erfahren werden.

Zur Verhältnisbeziehung von Person- und Subjektsein im Menschen heißt es dort weiter (FL, 21):

> Das natürliche Selbstverständnis des selbstbewußten Wesens ist von Grund aus durch diese Doppelung bestimmt. Die Selbstbeschrei-

bung als Person und die Selbstauffassung der Subjektivität sind nämlich gegenläufig zueinander. Das natürliche Selbstverstehen hat keinen Weg, sich über einen Einheitssinn in dieser Doppelung verläßlich zu verständigen. Ebensowenig kann es sie aber auf sich beruhen lassen. Sie liegt den gegenläufigen Tendenzen zur Selbsterhöhung und Selbstbegrenzung, zu Egozentrizität und Hingabe zugrunde. Nur in einer Antwort auf die Frage ›wer eigentlich bin ich?‹ können sie zu einem wirklichen Ausgleich statt nur zu einem faktischen Gleichgewicht kommen. So treibt diese Doppelung, genauso wie die Gegenläufigkeit in den Erfahrungen von Glück und Not, in das Nachsinnen. Auch sie bringt so das selbstbewußte Leben auf den Weg der Lebensdeutung.

Henrich geht im Text von *Fluchtlinien* verschiedentlich – wenn auch nirgends hinreichend – auf diese Verhältnisbeziehung ein (siehe etwa FL, 104 ff., 107 ff., 116 ff., 137 ff., 151 ff.). Für ihn begründen Person- und Subjektaspekt des menschlichen Selbst und ihre unterschiedliche Gewichtung sowohl unterschiedliche Formen, das Leben zu führen, als auch Unterschiede in der Weise, den Menschen (sich selbst) und das Wirkliche zu begreifen. In der einen Weise kommt dem Subjekt und seiner (erkennenden) Selbstbeziehung eine ausgezeichnete Stellung zu, die zur Frage nach einem höchsten Prinzip oder einer umfassenden Kraft führen kann, durch die das Wirkliche insgesamt – das aus einer solchen Perspektive nur eine abgeleitete Existenz besitzt – erklärt und begründet zu werden vermag. Es ist gerade die Distanz des Standpunktes des Subjektseins zur es umgebenden Wirklichkeit, die eine solche Sichtweise, d. h. eine entsprechende »Ontologie« (FL, 112, vgl. auch 108), nahelegt. Umgekehrt legt diejenige Perspektive, die den Menschen aus dem Aspekt seines *Personseins* versteht, es nahe, die Perspektive des Subjektseins und dessen »innere«, aparte Sphäre als Schein oder Epiphänomen aufzufassen und dagegen die Einzelnheit der menschlichen Person und ihr In-der-Welt-Sein zu betonen (in Abwehr zu den monistischen und spekulativen Interpretationen eines »reinen« Subjekts, vgl. FL, 117). Dabei sind tatsächlich beide Aspekte der menschlichen Subjektivität und in gewissem Sinne auch beide Perspektiven untrennbar voneinander. Es ist ihre Gewichtung und die damit verbundene Gegenläufigkeit der Blickwinkel, die zum

Konflikt und zur wechselseitigen Ausschließung führen.[45] Da ihnen aber jeweils eine für die Selbstverständigung des Menschen in seiner Welt und seinem Leben fundamentale Bedeutung zukommt, läßt sich das Problem nicht im Sinne der Urteilsenthaltung oder des bloßen Kompromisses lösen. Die Gegenläufigkeit der mit der Struktur der menschlichen Subjektivität verbundenen Richtungen des Menschen, sich selbst und die Welt zu verstehen, läßt sich nur durch eine diese Richtungen integrierende und umfassende Einsicht bewältigen. Doch muß sich für Henrich gerade in diesem Zusammenhang das Scheitern seiner früheren Versuche, Selbstbewußtsein faktoriell zu deuten und zu erklären, bemerkbar machen. Während man normalerweise eine solche Lösung im Rekurs auf die Grundverfaßtheit der menschlichen Subjektivität suchen würde, kann Henrich dies infolge seiner Einsicht in die letztliche Unerklärbarkeit und die damit verbundene mangelnde »Theoriefähigkeit« der Struktur von Selbstbewußtsein (vgl. FL, 151ff., 172ff.) nicht mehr tun. Aufbau und interne Verfassung der Struktur des menschlichen Selbstbewußtseins *begründen* zwar ebenso Selbstzentriertheit wie Weltlichkeit des Subjekts, doch bieten sie keinen Leitfaden dafür, beides in ein durchsichtiges und stabiles Verhältnis zueinander zu bringen. Daß es ein solches Verhältnis geben muß, darauf deutet für Henrich nicht zuletzt das Erfordernis hin, diese Struktur in etwas anderem als sie selbst oder einem ihrer Elemente zu verankern. – In der nicht weiter aufzulösenden Einheit von »für sich« (bzw. präziser: »für mich«) finden sich mithin Elemente vor, die in ihrer Funktionsbeziehung die gegenläufigen Welt- und Selbstinterpretationen ermöglichen. Doch sind diese Elemente ihrerseits wiederum nur in ihrem Zusammenhang möglich. Deshalb sind die gegenläufigen Interpretationen bzw. ihr wechselseitiger Ausschluß das Resultat einer *Isolation* von Perspektiven, die ursprünglich zusammengehören, weil sie auf Elementen beruhen, die zusammengehören. Das »Für sich«, welches sich als das Einheitsprinzip aller Funktionen von Selbstbewußtsein gezeigt hat, verweist somit auf dasjenige, das diese Einheit stiftet, ohne selbst zu den Faktoren bzw. Elementen des Zusammenhangs zu gehören, auf welche sich die Selbstdeutungen des Menschen letztlich gründen. Henrich nennt dieses die Einheit Stiftende den »Grund« der Selbstbeziehung. Der Ausdruck »Grundverhältnis« meint insofern nicht nur, daß die Verhältnisstruktur des Selbstbewußtseins *grundlegend* für das bewußte Leben und die Wirklichkeitsauffassungen des Menschen ist, sondern auch, daß sie ihrerseits eine »Grund«-legung aufweist, welche jenseits dieses Verhältnisses besteht und es trägt (FL, 108).[46]

Allerdings hat die Theorie nun erheblich an Komplexität gewonnen. Man könnte auch sagen, daß die Aufklärung der menschlichen Subjektivität mit einigen Bürden oder, wie Henrich dies nennen würde, »Dunkelheiten« belastet ist (vgl. etwa FL, 162f.): (a) Zum einen kann die interne Verfassung von Selbstbewußtsein und dessen Verhältnis zum Personsein des Menschen nicht (mehr) definitiv angegeben oder erklärt werden. Dies ergab sich als Resultat von Henrichs eigenen, gescheiterten Versuchen dazu. (b) Ferner begründet die interne Verfassung von Selbstbewußtsein aber das »bewußte Leben« des Menschen, das von den einander widerstreitenden Selbst- und Weltdeutungen geprägt ist, welche laut Henrich zurückgehen auf das Selbstbewußtsein und seine Verfaßtheit. Doch da die interne Verfassung des Selbstbewußtseins nicht hinreichend transparent ist, ist auch der Konflikt der Lebensdeutungen nicht einfach im Rekurs auf diese Verfassung aufzulösen. Daher ist auch das Verhältnis des Selbstbewußtseins zu den Selbstdeutung(en) des Menschen nicht so ohne weiteres zu bestimmen. (c) Schließlich ist als Bedingung der Möglichkeit wie auch der Einheit der Verfassung von Selbstbewußtsein ein Grund-Element anzusetzen, das sich aber in dessen Funktionsweise nicht unmittelbar niederschlägt (sich somit einer genauen Bestimmung entzieht). Wie es seine Grund-Funktion ausübt, muß daher erst einmal unklar bleiben. Doch ist der »Grund« bei jedem Versuch, die beiden ersten Probleme aufzulösen, mitzuberücksichtigen.[47] – Eine vollständige Theorie der menschlichen Subjektivität umfaßt mithin: den Grund; das Subjekt- und Personsein (damit auch die Weltbeziehung des Subjekts); die darauf aufruhenden Selbstdeutungen und ihre Dynamik; den Zusammenhang aller dieser Elemente. Eine derartige Theorie muß offensichtlich den Horizont gewöhnlicher Theorien des Subjekts (als bereichsphilosophischen Projekten) überschreiten, und zwar sowohl inhaltlich als auch methodisch. Methodisch nennt Henrich die mit ihr verbundene Theorieform in *Fluchtlinien* das »spekulative Denken« (FL, 125ff.). Er ist darüber hinaus der Auffassung, daß ein solches Denken Subjektivität nicht nur zum

Gegenstand hat, sondern daß es sie in einer gewissen Hinsicht erst vollendet. Vorläufer und Begründer des spekulativen Denkens sind die Philosophien von Spinoza, Fichte und Hegel. Henrich schreibt dazu (FL, 121; vgl. auch FL, 159 f.):

> Das Unternehmen des Denkens, dem sie verpflichtet waren und das ihnen verpflichtet ist, öffnete, und nicht nur für ihre Zeit, die einzige Aussicht auf eine Selbstdeutung, die im Ganzen des Grundverhältnisses unseres bewußten Lebens ihren Ausgang hat, – ohne wesentliche Faktoren seines Fungierens zu verdrängen, ohne sein Dunkel für Klarheit auszugeben und ohne unverzichtbare Tendenzen zur transzendierenden Verwandlung des Bewußtseins niederzuhalten. Doch darf man nicht den Wissensstatus solcher spekulativen Metaphysik verkennen: Sie offenbart nicht den wirklichen Zusammenhang im Fungieren des Grundverhältnisses. Sie folgt nur denkend einer Tendenz und Aufgabe, die aus diesem Grundverhältnis mit Notwendigkeit hervorgeht. Insofern kann sie niemals Wissenschaft werden, wohl aber alles Denken und somit auch Wissenschaft in einer Vernunft des bewußten Lebens zum Abschluß bringen. Das ist ihre Wahrheitsvergewisserung und ihre Würde. Denn ebenso, wie das Grundverhältnis aus einem unausdenkbaren Ursprung kommt, kann es nur in einem unaufweisbaren Abschluß Ganzheit gewinnen. Und darum ist Denken in der Extrapolation der erfahrenen Wirklichkeit das einzige Medium, in dem solcher Abschluß sich erreichen läßt. Was die kodifizierten Religionen etwa ›Glauben‹ nennen, heißt für das Denken ›Leben in und aus Ideen‹. Damit ist angezeigt, daß dieses Denken reine Rationalität und darin auch höchste Form der Bewußtheit zu sein vermag.

Die verschiedenen Bereiche der »Dunkelheit« bieten daher »Ansätze zum übersteigenden Denken« (FL, 169). Ein solches »übersteigendes Denken« kann nicht explanatorisch sein. Vielmehr vermag es nur danach zu streben, den sinnhaften Zusammenhang aller Bereiche zu zeigen, dies aber so, daß die Aufklärung darüber positiv in die Praxis des »bewußten Lebens« eingreifen kann (siehe dazu auch unten Abschnitt 3.3). Als Darstellung und Durchsichtig-Machen des Ganzen, in das dieses Leben eingeordnet, man könnte auch sagen: »hineinverwoben« ist und von dem her es verstanden werden muß, ist es Theorie des »Absoluten« bzw. das, was man traditionell »Metaphysik« nennt. Als Metaphysik kann es sich aber nicht an der gewöhnlichen wissenschaftlichen Begriffsform orientieren. Es bedarf hierfür vielmehr einer Begriffsform, in der die Einzelnheit des Einzelnen *und* seine Gegründetheit in einem Ganzen gleichermaßen und unverkürzt gegeneinander ausgedrückt werden können. Nur so kann es auch die Gegenläufigkeit der Tendenzen des Grundverhältnisses übersteigen und in eine integrale Einheit bringen. Möglich ist dies nach Henrich allein, wenn der Grundgedanke einer solchen Begriffsform sich an Hegels Prinzip der »negativen Beziehung auf sich« orientiert. Hegel hat auf diesem Prinzip die Definition des und seine Lehre vom Absoluten aufgebaut. In ihr sind Differenzbeziehung und Andersheit nicht mehr nur Grund der Unterscheidung voneinander, sondern zugleich Grund der *Identität* alles Wirklichen.[48] Allerdings grenzt Henrich sich auch von Hegels »spekulativer Wissenschaft« ab. Denn während Hegel noch der Auffassung war, eine strenge und in sich gegründete Theorie des Absoluten bzw. des Ganzen entwickeln zu können, ist für Henrich die Metaphysik »nichts als Denken und ein Denken als Entwerfen von Ideen« (FL, 176). Als idealer Entwurf ist das Absolute nicht, wie Hegel meinte, im Denken gegenwärtig. Wohl aber können spekulative Ideenentwürfe in der denkenden Selbstvergewisserung wirksam werden und damit auch Einfluß auf die Lebenspraxis nehmen. Dies ist möglich, wenn der Einzelne sich in solchen Entwürfen selbst verortet und sich von ihnen her verstehen lernt. Ein solches Sich-Verstehen vom Absoluten her greift laut Henrich durch bis auf das Grundverhältnis der Subjektivität selbst. Wenn bewußtes Leben seine konfligierenden Tendenzen nur integrieren kann über die Ideen, die das spekulative Denken ihm ermöglicht, und wenn es sich nur durch diese in einen konstruktiven und fruchtbaren Zusammenhang zum Ganzen zu bringen vermag, dann ist das Grundverhältnis selbst auf Ideen vom Absoluten, d.h. auf eine Metaphysik, hin angelegt (FL, 179f.; s.u.). Diese Anlage ist jedoch eher als Potentialität zu verstehen denn als vorherbestimmtes Ziel. Gleichwohl kann nach Henrich die menschliche Subjektivität ihre Vollendung erst durch diesen Horizont und seine Wirksamkeit im Leben erlangen. Insofern ist metaphysisches Denken zwar nicht ein »notwendiges« Ereignis im menschlichen Leben, aber doch ein zentrales Element aller menschlichen Versuche, sich im Dasein theoretisch und praktisch zu orientieren. Von ihm her können die Dunkelheiten Aufklärung erlangen und von ihm her können die verschiedenen Bezugsweisen des Subjekts, aber auch seine Potentiale ein seinerseits sinnvolles Ganzes ergeben. Zugleich sehen wir, wie hier ein dem Gedanken der Ko-Funktionalität – der so zentral für Henrichs Verständnis der Struktur des Selbstbewußtseins wurde – analoger Gedanke in der Theorie letzter und besonders grundlegender Konzeptionen auftritt: Nicht entlang und gemäß einem »System«, doch als metaphysisch geleitete vernünftige Beziehung der »Dimensionen« der Subjektivität untereinander ist wahres und aufgeklärtes Dasein nach Dieter Henrich möglich.

Obgleich Henrichs neuer Theorieansatz auf den Resultaten seiner früheren Entwürfe aufbaut, unterscheidet er sich von ihnen doch beträchtlich. Der Ansatz einer erklärenden Theorie ist nunmehr definitiv verabschiedet.[49] Der Fokus des ganzen Unternehmens hat sich vielmehr verlagert: Von einer Theorie des Selbstbewußtseins im engeren Sinne ist er auf eine Theorie der umfassenden Selbstverständigung des Subjekts übergegangen; eine Theorie, die ursprünglich die Bedingungen der Leistungen des Selbstbewußtseins und seines Weltbezuges angeben sollte, ist zu einer Theorie der Selbst*interpretation* des Subjekts und seines Daseins geworden. Die »Dunkelheiten«, die sich in der Verfolgung des ursprünglichen Ansatzes ergeben haben, führen nicht etwa zum Abbruch des Unternehmens, sondern zu seiner Transformation – sie werden fruchtbar für den Zuschnitt einer neuen Theorie! Es sind dabei gerade die *Grenzen* der Theoriefähigkeit des Grundverhältnisses und der darin eingeschlossenen Elemente, die die Theorie öffnen für das dadurch bestimmte »bewußte Leben« des Menschen. Henrich argumentiert nun so, daß diesem Leben die Aufgabe zukommt, Gedanken und Konzeptionen zu entwerfen, die ein theoretisches Verständnis auch des Grundverhältnisses erlauben und die im *direkten* Zugriff auf es nicht möglich sind. Zugleich sollen solche Gedanken und Konzeptionen die mit dem Grundverhältnis zusammen auftretende Instabilität und Dunkelheit in der Orientierung des Menschen über sich selbst in ein stabiles und transparentes Selbstverhältnis überführen. Das Grundverhältnis, so läßt sich in einem gewissen Sinne sagen, *erheischt* seine Komplettierung und »Stabilisierung« durch das darin wurzelnde Leben und dessen Selbstauslegung. – Im vorigen Theorieansatz bestanden dagegen weit weniger Möglichkeiten, einen umfassenden Ausgriff von solcher Art vorzunehmen. Subjektivität schien zwar ein wichtiges, doch eher departementales Thema der Philosophie zu sein. Nun jedoch lassen sich Theorie des Subjekts, Weltbegriff und die verschiedenen Theorieangebote und -möglichkeiten dazu in einen einzigen interpretatorischen Ansatz integrieren und damit sogar das klassische Projekt der Metaphysik rehabilitieren. Doch erlebt selbst die Metaphysik in diesem Prozedere eine bezeichnende Umwandlung: Sie ist jetzt nicht mehr letzte oder oberste Wissenschaft vom Ganzen (wie es der Deutsche Idealismus noch wollte), sondern nur noch dessen *Deutung*. Sie steht mit den klassischen Formen der Metaphysik zwar insofern in einem Zusammenhang, als sie sich deren Begriffsformen und Theoreme bedient, doch erneuert sie nicht mehr deren Geltungsanspruch. Vielmehr bleibt sie, wie Henrich betont, jeweils »Entwurf«.

III. Nicht übergangen werden darf dabei auch das, was wir an dieser Stelle den »individuellen Aspekt« der Theorie des Selbstbewußtseins nennen. Einer der wesentlichen Gründe für das Scheitern der früheren Entwürfe Henrichs war, daß seine Theorie der Ich-Gedanken diesen Aspekt nicht hinreichend zu berücksichtigen vermochte. Die allgemeine »Idee des Ich« als Selbstrepräsentation, unter welcher die Bewußtseinsaktivitäten stehen sollten, erwies sich als ungeeignet dafür, das Selbstbewußtsein eines Individuums (eines spezifischen »Für-mich«) zu erklären oder auch nur zu artikulieren. Diese Einsicht war auch zu einem der entscheidenden Vehikel für die Transformation des ganzen Ansatzes am Ende der siebziger Jahre geworden. Jedoch stellte sich für die neue Theorie gleichfalls die Frage, wie der »individuelle Aspekt« seine Berücksichtigung finden würde. Zwei Hinsichten waren hierbei besonders zu beachten: (a) Schon das Grundverhältnis, aber mehr noch das »bewußte Leben« gehören dem Einzelnen zu. Mit ihnen ist eine besondere, nur von je diesem Einzelnen mit seiner Lebensführung und -orientierung anzugehende Aufgabe verbunden. Gerade wenn die Theorie sich nicht mehr nur auf Funktionselemente von Selbstbewußtsein im engeren Sinne ausrichtet, muß sie den spezifischen Charakter dieser Aufgabe und der Bedingungen, unter denen sie jeweils steht, bezeichnen sowie die Richtung ihrer möglichen Lösung für den Einzelnen anzeigen können. (b) Wenn mit dieser Theorie ein spekulativer Weltbegriff sowie letzte Gedanken verbunden sein sollen, so können diese nur wirksam werden, wenn der Einzelne sie auf seine Perspektive zu beziehen und sich darin gleichsam »einzuzeichnen« vermag. Das ist wohl auch einer der Gründe, weshalb eine solche Theorie letztlich keine Wissenschaft ist. Die »spekulativen Gedanken«, auf die Henrichs neue Lösung hinauslaufen, werden immer aus einem spezifischen, einem *individuellen* Blickwinkel formuliert sein müssen, und sie werden auch nie definitiv sein können. Vielmehr wird ihre Formulierung den Bedingungen der Dynamik des bewußten Lebens unterliegen bzw. sich auf diese einzulassen haben, wenn durch sie die Deutung eines *bestimmten* Lebens und einer *bestimmten* Welt möglich sein soll.[50] Henrich hat diesem Sachverhalt mit seinem Gedanken von der »Umkehrung« Ausdruck verliehen.[51] Die »Umkehrung« schließt ein zweites Begründungsverhältnis ein, welches das spekulative Denken erst wahrhaft zur Funktion der Selbstbestimmung des Subjekts macht. Im Begriff des Grundes oder Absoluten liegt erst einmal nur beschlossen, daß alles – auch das Grundverhältnis selbst, aus dem der Gedanke vom Absoluten hervorgeht – in ihm seinen Ursprung hat. In der »Umkehrung« wird hingegen der *Gedanke* vom Absoluten auf *seinen* Ursprung im Grundverhältnis und dem darin verankerten bewußten Leben hin befragt. Dieser Ursprung macht ihn zu einem bestimmten Gedanken, der sich (notwendigerweise) auf eine bestimmte Situation des Subjekts, auf ein bestimmtes Leben und eine bestimmte Welt bezieht. Die Integration dieses Sachverhalts in die Konzeption vom Grund erlaubt es erst, diese Konzeption so auszuführen, daß sie auch zur Orientierung eines einzelnen Subjekts tauglich ist. Die Perspektive, aus der heraus die »Metaphysik« entwickelt wird, ist also mit dieser verbunden (die Theorie schreitet somit über die Subjekte, die sie hervorbringen, nicht hinweg). Zugleich ist aber auch ersichtlich, daß sie dadurch immer eine spezifische, subjektrelative Gestalt besitzen wird. Die »Metaphysik« ist nie »fertig« und sie besteht auch nicht aus dauerhaften, allgemeinen Besitztümern (siehe dazu bereits Abschnitt 1). Also ist sie nicht nur eine Theorie dessen, was das »bewußte Leben« der Menschen begründet, sie *folgt* diesem Leben auch.

Der Gedanke der »Umkehrung« wird explizit erst später ausgeführt. Sachlich heißt es aber bereits in einer zusammenfassenden Überlegung in *Fluchtlinien* (FL, 179 f.):

> Das Grundverhältnis provoziert den metaphysischen Überstieg, der, sofern er im Gegenentwurf zur Ontologie des Einzelnen erfolgt, den Gedanken von einem Absoluten nach sich zieht. Von ihm her muß sich das bewußte Leben über die Gegenläufigkeit seiner Einsätze zur Selbstinterpretation im Grundverhältnis verständigen. Und diese Verständigung geschieht so, daß damit zugleich das Grundverhältnis interpretierend rekonstruiert wird. [...] Die gesamte Verfassung des Grundverhältnisses ist darauf angelegt, den Gedanken des Absoluten hervorzutreiben und sich selbst über sich von diesem Gedanken her sowohl zu verständigen als auch insofern zu verwandeln, als nur von diesem Gedanken her in das bewußte Leben diejenige Einheit des Verstehens kommen kann, die gegenüber allen Beirrungen standhält, welche aus den ihm gleich wesentlichen aber gleichermaßen gegenläufigen Tendenzen der Selbstauslegung kommen. [...] Das bewußte Leben ist gar nichts anderes, als daß das Absolute zur Einsicht kommt, und die Bewährung dieser Einsicht in einem Leben, das zu einem Ganzen geworden ist. Doch daraus folgt dann unmittelbar, daß auch der Gedanke vom Absoluten selbst unter Einschluß dessen zu denken ist, daß es diese Aneignung und Bewährung im über sich verständigten Grundverhältnis ermöglicht und verlangt. Es muß darum als ein Prozeß des Hervorganges aus sich gedacht werden, aus dem das Grundverhältnis überhaupt erst ins Dasein kommt, – und das so, daß dieses Verhältnis zunächst in selbstgenügsamem Fungieren abgeschlossen ist, dann aber aus dem Überstieg über seine natürliche Welt zu seiner Selbstaufklärung und eigentlichen Freiheit gelangt.

Schon im Selbstbewußtsein und seiner Struktur ist somit das Bedürfnis, sich über das Lebens- und Weltganze mit einer entsprechenden Konzeption (»Gedanke des Absoluten«) zu verständigen, angelegt. Insofern kann Metaphysik kein selbstgenügsames oder das wissenschaftliche Wissen nur abschließendes, tiefer fundierendes Projekt sein. Genausowenig resultiert sie aus einem bloßen »Bedürfnis der Vernunft« (vgl. dazu z. B. *Kritik der reinen Vernunft*, B 365 f.). Sie ist – in welcher Gestalt auch immer (etwa als Religionslehre oder poetische Weltanschauung) – die Voraussetzung für ein gelingendes Leben, insbesondere dann, wenn ein solches Leben in der Gefahr steht, in seinen Widerfahrnissen den Lebenssinn zu verlieren, oder wenn es sich in den verschiedenen Möglichkeiten, das Leben zu verstehen, nicht mehr zurechtfindet. Somit ist die »Anwendung« der Metaphysik auf das eigene Leben nicht nur eine Option, sondern sie ist der eigentliche Zweck, die innere Begründung für ihre Ausbildung. Für Henrich scheint es jenseits des Bedürfnisses, sich in seinem Leben über dieses und den eigenen Platz in der Wirklichkeit zu verständigen, keine andere wahrhafte Rechtfertigung zur Ausbildung des »Gedankens des Absoluten« zu geben. Angelegt ist diese Verständigungsaufgabe indessen, wie wir sehen konnten, bereits in der Grundverfassung des Selbstbewußtseins. Das »bewußte Leben«, das darauf gründet, ist dessen Entfaltung und, sofern es sich spekulativem Denken zu öffnen vermag, auch dessen Erfüllung. Erst in solchem Denken können sich nach Henrich Fragen wie die nach der Einheit des Lebens, nach dem Ganzen und der Stellung des Einzelnen darin und, damit verbunden, nach seinem letzten Sinn und einer dazu gehörenden Lebensaufgabe beantworten lassen. Ohne die Beantwortung dieser Fragen mag ein Leben vielleicht äußerlich reüssieren, doch wird es sich letztlich nicht durchsichtig werden können. Zumal auf die dem Leben zukommenden Umwälzungen und Konflikte wird es keine letzten Antworten finden. Vielmehr wird es in seinem Versuch, sich zu verstehen, dauerhaft von kontingenten und undurchschauten Faktoren abhängig sein müssen.

Wie Henrich sich die Erfüllung eines solchen Programms im einzelnen vorstellt, ist nicht leicht zu beantworten. Er hat dazu in seinem eigenen Werk nur Bruchstücke geliefert. Allerdings scheint die Beschäftigung mit philosophierenden Dichtern wie Hölderlin Hinweise zu geben. – Für den Dichter gilt es solche Fragen aus der Perspektive eines *bestimmten* (häufig des eigenen) Lebens und Schicksals zu bedenken, nicht aus allgemeinem Interesse heraus. Ihre Behandlung geschieht deshalb in enger Anlehnung an die Tendenzen und Widerfahrnisse des Lebens und Erlebens, nicht in der distanzierten und abstrakten Form wissenschaftlicher Erörterungen und systematischer Darstellungen. Schließlich kann sich der Dichter in der Regel auch nicht allein der Sprachform der »Ontologie der Einzeldinge« überlassen, sondern er muß eine eigene, sie überschreitende Sprache entwickeln, die einerseits ursprünglich und authentisch genug ist, das Erleben und Empfinden auszudrükken, andererseits auch dem Anspruch gerecht wird, sich (von solchem Erleben ausgehend) in dieser Wirklichkeit unverkürzt und sinnhaft zu verstehen. Die Dichtung kann zwar in strengem Sinne kein Vorbild der Philosophie sein – da letztere den Bedingungen eines argumentativen und die wissenschaftlichen Resultate anerkennenden Diskurses verpflichtet bleibt –, doch kann sie wie kaum eine andere Form der Reflexion den Zusammenhang von bewußtem Leben und letzter Besinnung anschaulich und eindringlich vergegenwärtigen (selbst dort, wo die Bemühungen um diesen Zusammenhang scheitern). Sie kann damit der Aufgabe der Selbstverständigung des Einzelnen überzeugender gerecht werden, als es die durch methodische Normen eingeschränkte (akademische) Philosophie vermag. Umgekehrt können erst die Erkenntniskraft und die konzeptionelle Stärke der Philosophie die Klarheit und Deutlichkeit der vom Dichter in Anspruch genommenen Gedanken und Bilder ermöglichen. Auch kann die Philosophie zeigen, daß das in der Dichtung behandelte Erleben und die damit verbundenen Fragen in der Natur des menschlichen Selbstseins wurzeln und nur in der Besinnung auf dieses erfolgreich beantwortet werden können. Beide, Philosophie und Dichtung, können und müssen einander also wechselseitig vertiefen. Die Voraussetzung dafür ist jedoch, daß das bewußte Leben einerseits ein entscheidendes Thema der Philosophie bleibt und daß die Dichtung andererseits die *rationale* Herausforderung, die in der Aufgabe der Bewältigung eines solchen Lebens liegt, anzuerkennen vermag.

3.3 Methodische Auswirkungen der Neukonzeption der Theorie des Subjekts

Wir haben auf die methodischen Auswirkungen von Henrichs Neukonzeption schon verschiedentlich hingewiesen und wollen sie hier nur noch einmal zusammenfassen.

Die klassische Faktorenanalyse, die nicht nur deskriptive, sondern auch explanatorische Funktion besaß, wird zugunsten einer *Funktionsanalyse* ersetzt. Zum Verständnis des Selbstbewußtseins bzw. seines Grundverhältnisses als »Funktionseinheit« schreibt Henrich (FL, 107 f.):

> Das Grundverhältnis ist unauflösliche Einheit. Keines der Momente, die unterschieden wurden, kann bestehen, ohne daß alle anderen gleichfalls bestünden. Und somit kann auch keines die anderen rein nur aus sich erklären. Sie sind gleichursprünglich in Beziehung aufeinander. Und so kann auch das Grundverhältnis nur in einem Nu und als Ganzes ins Dasein kommen. In der Entwicklungsgeschichte des einzelnen Menschen muß es darum spontan aufkommen. […] So ist es einheitlich, aber durchaus nicht im Sinne von uniform. Es hat seine Einheit im *Fungieren* aller seiner Momente, und es ist auf keine Weise als Komposition zu begreifen. Aber das heißt nicht, daß seine Verfassung homogen wäre. […] Gerade weil es nur als ganzes [sic!] möglich und doch divergent in sich ist, kann es nicht aus sich selbst heraus erklärt werden. Insofern verweist es auf einen Grund jenseits seiner. Der ist allerdings unausdenkbar in dem Sinne, in dem denkbar das ist, was im oder im Ausgang vom Grundverhältnis gedacht werden kann. Die innere Verfassung des Grundverhältnisses muß also in Beziehung auf diesen Grund inkommensurabel sein.

Mit der Funktionsanalyse ist nicht mehr der Anspruch verbunden, die Entstehung oder den Zusammenhang (Einheit) von Elementen des Selbstbewußtseins zu erklären bzw. sie auf anderes zurückzuführen. Solche Elemente treten in der Analyse nur noch als *Leistungen* des Selbstbewußtseins in den Blick. Die ganze Verfassung des Grundverhältnisses kann insofern lediglich in »*Approximation*« (FL, 152, 157) beschrieben werden.[52] Gleichwohl bleibt die mit dem explanatorischen Projekt ursprünglich verbundene »*transzendentale Rückfrage*«[53] weiterhin relevant. Da Henrich der Auffassung ist, daß der Zusammenhang im Grundverhältnis ein gegliederter und kein uniformer ist, aber auch nicht aus einem seiner »Momente« allein erklärt werden kann, muß zurückgefragt werden nach einem möglichen, von den einzelnen Momenten zu unterscheidenden *Grund* ihres Zusammenhangs. Infolge der Intransparenz der ganzen Struktur des Grundverhältnisses kann jedoch die Weise, wie es der Grund »begründet«, d.h. wie er seine Verfaßtheit bestimmt, es ins Werk setzt und es erhält, transzendental nicht klar und eindeutig bestimmt werden. Hier verspricht sich Henrich nicht mehr in der Vertiefung der transzendentalen Analyse, sondern vielmehr in der Ausbildung des spekulativen Denkens einen möglichen Aufschluß über den »Grund« und seine Verfaßtheit. Desto wichtiger bleibt deshalb die *phänomenal-phänomenologische* Erschließungsarbeit hinsichtlich des Grundverhältnisses und seiner Leistungen, die schon Heidegger gegen das aus der Naturerklärung herrührende Modell von Kräften und ihrem Zusammenwirken geltend gemacht hatte – worin ihm Henrich folgt, auch wenn er die damit verbundene Kant-Interpretation Heideggers hermeneutisch und sachlich ablehnt.[54] Die Einheit der Subjektivität kann insofern weder in einer klassischen transzendentalen Analyse (wie sie auch Henrichs ursprüngliche Faktorenanalyse noch darstellte) noch in der Orientierung auf ein »*in sich* Einheitliches und Gründendes«[55] (gemäß Heideggers Anwendung der phänomenologischen Methode) angegeben werden. Sie kann vielmehr nur in Gestalt von metaphysischen Konzepten bzw. »Ideen«[56] als Gedanken von einem Ersten und Ganzen, welches das Grundverhältnis und das darauf fußende »bewußte Leben« fundiert bzw. ermöglicht, entworfen werden. Eine solche »Ideenlehre« steht aber in einem weiteren Zusammenhang als nur demjenigen, die Verfaßtheit des Grundverhältnisses zu analysieren. Sie steht in Zusammenhang mit Theorieentwürfen, die die aus dem Grundverhältnis herrührende Dunkelheit des Lebens und seiner Strebungen aufklären und diese in einen integralen Zusammenhang (eine »Lebensform«) überführen können. Doch sind solche Theorieentwürfe nach Henrich nicht mehr auf dem Boden der klassischen forschenden Wissenschaft möglich. Sie sind, wie er sich ausdrückt, nur als »*Extrapolationen*«

möglich (vgl. dazu FL, 93 f.).[57] Als solche sind sie selbst vernünftiges Tun, aber eines, das die Rationalität, die dem bewußten Leben und dem mit ihm verbundenen kulturellen Prozeß zugrunde liegt, aufweist bzw. aufklärt und es auf diese Weise auch ermöglicht, ein derartiges Leben vernünftig zu führen.[58]

Phänomenal-phänomenologische Erschließung von Selbstbewußtsein und bewußtem Leben, approximative Analyse des Grundverhältnisses, das die menschliche Subjektivität bestimmt, transzendentale Rückfrage nach dem Grund dieses Verhältnisses, extrapolierende Selbstverständigung des Menschen in den einander widersprechenden Tendenzen des bewußten Lebens sowie Ausbildung einer entsprechenden *Lebensform*, Integration der unterschiedlichen Resultate und Einsichten solcher Formen des Sich-Verstehens in Gestalt von »Ideen« (bzw. »Postulaten«, wie sie Henrich auch nennen kann[59]) der Einheit, Ganzheit und Sinnhaftigkeit des menschlichen, seiner selbst bewußten Lebens und der von ihm erfahrenen Wirklichkeit, und dies alles unter Rückgriff auf eine der Aufgabe angemessenen, »spekulativen« Begriffsform – das sind die methodischen Grundlagen der »neuen« Konzeption des Subjekts, wie sie Henrich seit seinem Buch *Fluchtlinien* in immer neuen Anläufen und aus verschiedenen Perspektiven bearbeitet hat.

3.4 Ernst Tugendhats semantische Kritik und Henrichs Widerlegung [Exkurs]

I. Der sprachanalytische Philosoph (und Kollege Henrichs am Heidelberger Seminar) Ernst Tugendhat nahm in seinem Buch *Selbstbewußtsein und Selbstbestimmung* (1979)[60] Henrichs Überlegungen aus »Fichtes ursprünglicher Einsicht« und der »Kritischen Einleitung« (s. o. Abschnitte 2.1 und 2.2) zum Anlaß, einen Angriff auf den Gedanken, daß im Selbstbewußtsein des Menschen überhaupt irgendeine Form von »Wissen von sich« vorliegt, zu führen. Zwar hatte Henrich alle Versuche, dieses Wissen auf reflexive Weise zu verstehen, zurückgewiesen. Doch hatte er in der »Kritischen Einleitung« statt dessen einen *eigenen* Versuch vorgelegt, ein solches »Wissen von sich« zirkelfrei zu konzipieren. Tugendhat sah in dem Versuch, Selbstbewußtsein über eine Wissenskonzeption zu verstehen, das Erbe der klassischen idealistischen (deutschen) Geist-Philosophie am Werk. Indem er die Probleme dieses Verständnisses von Selbstbewußtsein darlegte und eine Alternative bot, hoffte er zugleich, einen Beitrag zur Überwindung dieses Erbes zu leisten.

Tugendhat leugnet in seinem Werk deshalb, daß mit Selbstbewußtsein überhaupt eine Form von »Wissen seiner selbst« vorliegt.[61] Dies könne zum einen nicht der Fall sein, so Tugendhat, weil Wissen propositional verfaßt sei. Doch gewußt werde im Wissen von sich nichts. Solche Sätze wie »ich weiß mich« seien vielmehr nachgerade sinnlos. Ferner könne die für ein solches Wissen behauptete Identität nur Teil des propositionalen Gehaltes eines entsprechenden Satzes sein; sie könne nicht selbst die Natur des damit verbundenen Wissens wiedergeben. Ebenso falsch sei es zu meinen, daß mit dem Ausdruck ›ich‹ derjenige, der ihn gebraucht, sich selbst identifiziere. Der Ausdruck ›ich‹ identifiziere vielmehr gar nicht.[62] Allerdings *bezeichne* er jemanden, der wiederum durch den Gebrauch von Prädikaten aus der Perspektive der dritten Person identifiziert werden könne. Tugendhat schreibt dazu:[63]

> Wenn in einer Gruppe von Menschen jemand etwas sagt, kann man zurückfragen ›wer hat das gesagt?‹ und der Betreffende kann sich für die anderen identifizieren, indem er ›ich‹ sagt. Er braucht nicht ›ich‹ zu sagen; er könnte auch einfach den Arm heben. Wenn er aber ›ich‹ sagt, so hat er ein Zeichen gegeben, das in derselben Weise durch ›er‹ oder ›dieser (jener) Mensch‹ aufgenommen werden kann wie in dem anderen Beispiel das ›hier‹ durch ›dort‹. Und wir haben auch schon gesehen, daß es von vorneherein und allgemein zur Verwendungsweise von ›ich‹ gehört, daß der, der es verwendet, es so verwendet, daß er weiß, daß ein anderer seine Rede so aufnehmen kann, daß er auf dieselbe Person, auf die er mit ›ich‹ Bezug nimmt, mit ›er‹ Bezug nimmt. ›Er‹ ist aber ein Äquivalent für ›dieser (jener) Mensch‹. ›Er‹ oder ›dieser Mensch‹ hat also denselben Stellenwert relativ zu ›ich‹ wie ›dort‹ zu ›hier‹. In der Verwendung von ›dieser Mensch‹, aber natürlich ebenso in der Verwendung jedes Ausdrucks der Form ›dieser so-und-so‹ liegt also im Gegensatz zur Verwendung von ›ich‹ schon eine erste Stufe von Identifizierung.

Und er formuliert als Resümee:[64]

> Das Wort ›ich‹ bezeichnet den letzten Bezugspunkt aller Identifizierung, gleichwohl wird mit ihm die gemeinte Person – der Sprecher – nicht identifiziert, aber doch als aus der ›er‹-Perspektive identifizierbare gemeint.

Daraus resultiert für Tugendhat eine sog. »veritative Symmetrie«:[65] Der Sachverhalt, auf den jemand Bezug nimmt, wenn er in einem bestimmten Bewußtseinszustand ist,[66] ist demgemäß der gleiche wie derjenige, auf den ein anderer Bezug nimmt, wenn er über diesen sagt, daß er sich in diesem bestimmten Bewußtseinszustand befindet. Es gibt somit keine Wahrheiten über eine Person, die nur ich-relativ sind und nicht zugleich auch er-relativ sein können. Wohl aber besteht »epistemische Asymmetrie«: Der, der *sich* diesen bestimmten Bewußtseinszustand zuspricht, besitzt ein unmittelbares Wissen davon, während der andere dieses Wissen für seine Zuschreibung aus Beobachtungen und Schlußfolgerungen gewinnen muß. Dagegen beruht das *unmittelbare* Wissen nicht auf (inneren) Beobachtungen o. ä.; die Verwendungsweise von Prädikaten über Bewußtseinszustände aus der ›ich‹-Perspektive beruht deshalb auch nicht auf Schlußfolgerungen über das so Beobachtete (»ich bin in dem-und-dem Zustand, *also* habe ich mich so-und-so zu charakterisieren« o. ä.). Vielmehr ist es so, daß wir den Gebrauch dieser Prädikate wie auch anderer sprachlicher Ausdrücke im Zusammenhang mit dem Haben solcher Bewußtseinszustände lernen. Daher gebrauchen wir sie oder können sie gebrauchen, wenn und sobald ein solcher Zustand vorliegt.[67]

Durch diese Argumentation macht Tugendhat das Verständnis von Selbstbewußtsein unabhängig von irgendwelchen Akten des Wissens von sich oder anderen Formen der Selbstidentifikation. Zwar gibt er zu, daß es unmittelbares Selbstbewußtsein gibt; doch »Wissen« im Sinne von propositionalem Wissen (und anderes erkennt Tugendhat nicht an) gewinnen wir darüber nur durch den Gebrauch allgemeiner Prädikate. Deren Verwendung erlernen wir, wie wir den übrigen Gebrauch der Sprache erlernen: als Teilnehmer an einer Gemeinschaft von kompetenten Sprechern! Wir verfügen somit epistemisch über die Zustände unseres Selbst auch nur über und durch den Gebrauch solcher Prädikate und nicht vorgängig oder unabhängig davon.

II. Henrich hat wohl schon früh die Schwächen dieses Ansatzes gesehen. Doch veröffentlicht hat er seine Replik darauf erst zehn Jahre später (1989).[68] Er faßt dabei Tugendhats Thesen folgendermaßen zusammen (NiZ, 98):

> Man kann die Thesen Tugendhats, die der Linienführung seiner Kritik an dieser [sc. Henrichs] Problemauffassung zugrundeliegen, wie folgt explizit machen: (1) Die wissende Selbstbeziehung ist auch in dem Sinne, der zuvor in etwa bestimmt worden ist, nicht suisuffizient. Sie ist von Beginn an einbegriffen in das System der Wechselverweisungen semantischer Grundfunktionen, aus dem sich sowohl die Bedeutung ›psychologischer‹ Prädikate wie auch der grammatischen ersten Person singularis erklärt. (2) Sobald man diesen Zusammenhang versteht, erweist es sich als unnötig, dem Gebrauch der ersten Person singularis eine Identitätsvermeinung zuzuordnen, die innerhalb der wissenden Selbstbeziehung dessen aufzuweisen sein soll, der, wie man fälschlich meint, durch den Gebrauch von ›ich‹ eine solche Selbstbeziehung indiziert. (3) Ist die semantische Aufklärung geleistet, so entfällt auch der Ansatz, im Anschluß an den Zirkel aufgewiesen werden können und müssen – sei es in einer Theorie der wissenden Selbstbeziehung, sei es gar innerhalb der Tatsache selbst, die in einer solchen Theorie aufgefaßt und verständlich gemacht werden soll. Die semantische Erklärung ist selbst zirkelfrei. Und sie impliziert, daß die Tatsache von Selbstbewußtsein, wird sie hier nur angemessen thematisiert, überhaupt keinen Anlaß dazu bietet, sich zu ihrer Explikation vermittels von Gedanken versucht zu sehen, die ihrerseits eine zirkuläre Erklärung nach sich ziehen. Ich widerspreche diesen drei Thesen gleichermaßen.

Henrich konzentriert sich in seiner Gegenkritik auf Tugendhats Kernthese, daß es zur Verwendungsweise des Ausdrucks ›ich‹ gehört, daß derjenige, der diesen Ausdruck gebraucht, ihn so verwendet, daß er weiß, daß ein anderer auf dieselbe Person, auf die er mit ›ich‹ Bezug nimmt, mit ›er‹ Bezug nimmt oder nehmen kann.[69]

Der springende Punkt in Tugendhats Theorie ist dabei die Kompetenz der Sprecher, die ›ich‹ bzw. ›er‹ sagen. Auch Tugendhat betont diese Kompetenz und grenzt einen entsprechenden Sprachgebrauch von dem einer Maschine, die ›ich‹ »sagt«, ab.[70] Henrich untersucht deshalb, worin diese Kompetenz bestehen muß, damit es sich bei solchen Äußerungen um wahrheitswertfähige Behauptungen handeln kann. Dazu gehört natürlich vorweg bereits, *daß* der ›er‹-Sprecher in Tugendhats Szenarium den ›ich‹-Sprecher als kompetenten Sprecher einschätzt. Nach Tugendhat schließt dies ein, daß der ›er‹-Sprecher dem ›ich‹-Sprecher unterstellt,[71] er würde den Ausdruck ›ich‹ so gebrauchen, daß er auf die Möglichkeit des ›er‹-Gebrauches auf der Seite des ›er‹-Sprechers verweist (NiZ, 103). Doch nicht nur der ›er‹-Sprecher unterstellt bzw. weiß dies (denn dies Wissen ist die Voraussetzung seines richtigen Verständnisses des ›ich‹-Gebrauches auf der Seite dessen, der ›ich‹ sagt), sondern er muß dem ›ich‹-Sprecher das gleiche Wissen unterstellen, um ihn als kompetenten Sprecher ernst nehmen zu können. Der ›er‹-Sprecher unterstellt dem ›ich‹-Sprecher somit, daß dieser weiß, *daß* der ›er‹-Sprecher ihm unterstellt, daß er den Ausdruck ›ich‹ so gebraucht, daß jener aus seiner Perspektive darauf mit ›er‹ Bezug nehmen kann – kurz, der ›er‹-Sprecher unterstellt dem ›ich‹-Sprecher zu wissen, daß er ihn als kompetenten Sprecher auffaßt. Umgekehrt muß der ›ich‹-Sprecher, um den ›er‹-Sprecher als kompetenten Sprecher ansehen zu können, dann auch tatsächlich annehmen, daß der ›er‹-Sprecher unterstellt, daß der ›ich‹-Sprecher weiß, er würde den Ausdruck ›ich‹ so gebrauchen, daß dieser Gebrauch auf die Möglichkeit des ›er‹-Gebrauches auf der Seite des ›er‹-Sprechers verweist (NiZ, 105 f.) – wenn die Unterstellung des *›er‹-Sprechers* nicht falsch sein soll. Mithin gilt also, daß der ›er‹-Sprecher in der Kommunikation nicht nur unterstellt, daß der ›ich‹-Sprecher weiß, wie seine ›ich‹-Äußerung aufgenommen wird, sondern auch, daß der ›ich‹-Sprecher weiß, daß der ›er‹-Sprecher ihm dies unterstellt, wenn er ihn als kompetenten Sprecher auffassen können soll – und daß es sich tatsächlich so verhält, wie es der ›er‹-Sprecher unterstellt. Henrich resümiert (NiZ, 107):

> Man sieht nun, warum es von Bedeutung ist, sich ganz klar zu machen, daß in dieser dritten Komponente [dessen, was der ›ich‹-

> Sprecher über die Möglichkeit der Aufnahme seiner Äußerung weiß] eine Zuschreibung aus der Perspektive des ›er‹-Sprechers innerhalb des Wissens auftritt, das gerade der ›ich‹-Sprecher hat, *bevor* irgendeine Aufnahme seines ›ich‹-Gebrauchs durch einen anderen etwa wirklich erfolgt. Die Existenz irgendeines ›er‹-Sprechers, der die Person, welche der ›ich‹-Sprecher ist, identifizieren kann, ist ja keine Voraussetzung für sinnvollen ›ich‹-Gebrauch. Der ›er‹-Sprecher existiert nur in abstracto, einerseits in den semantischen Regeln, welche den ›ich‹-Gebrauch sinnvoll machen, und dann im Wissen des ›ich‹-Sprechers von der Aufnehmbarkeit seiner ›ich‹-Äußerung durch irgendwen, wobei unbestimmt bleibt, wer wann und ob überhaupt wirklich irgendeiner die Aufnahme aktualisiert. Ohne solches Wissen wäre die ›ich‹-Äußerung ein bloßes Verlauten, nicht sinnvoller Sprachgebrauch. Obwohl also der Beziehung auf die Aufnahme durch den anderen in dem, wovon der ›ich‹-Sprecher ein Wissen hat, eine zentrale Stellung zugewiesen wurde, hat sich nun herausgestellt, daß sich der ›ich‹-Sprecher in einem Selbstverhältnis befindet und daß dieses Selbstverhältnis nicht in der Weise und in dem Maße einer wirklichen intersubjektiven Beziehung subordiniert ist, wie es zunächst den Anschein haben mußte.

Um zu vermeiden, daß »Wissen von sich« irgendeine Rolle beim Zustandekommen von Selbstbewußtsein oder dem kompetenten Gebrauch des Ausdrucks ›ich‹ spielt, wählt Tugendhat den semantischen Ansatz. Doch zeigt dieser eine empfindliche Leerstelle beim Verständnis der damit verbundenen (möglichen) Äußerungen, das dem ›ich‹- bzw. dem ›er‹-Sprecher jeweils zugesprochen werden muß, damit Tugendhats Szenarium funktioniert. Diese Leerstelle betrifft das Wissen, über das ein Sprecher vorweg verfügen muß, um überhaupt in eine Kommunikation nach Tugendhats Ansatz eintreten zu können. Dieses Wissen schließt eine epistemische Selbstbeziehung ein (ich weiß, daß er weiß, daß *ich* weiß … usw.), in der der Ausdruck ›ich‹ gedoppelt vorkommt (NiZ, 108). Daß Tugendhat dieser Sachverhalt entgangen ist, nährte bei Henrich einen mehrfachen »Zirkelverdacht«, wonach Selbstbewußtsein in Tugendhats Ansatz entweder selbst zirkulär erklärt ist oder in anderer Hinsicht unbemerkt als Voraussetzung in Anspruch genommen wird. Insgesamt stellen sich nach Henrich tatsächlich drei Zirkel in Tugendhats Versuch, Selbstbewußtsein zu bestimmen, ein (NiZ, 109 ff.):

(a) Der erste Zirkel stellt sich bereits in demjenigen Wissen ein, das der ›ich‹-Sprecher haben muß, um seine ›ich‹-Äußerung kompetent tun zu können, und geht im Grunde aus dem hervor, was oben als Henrichs Rekonstruktion solchen Wissens dargelegt wurde. Wie wir gesehen haben, weiß der ›ich‹-Sprecher nicht nur, daß ihm aus der ›er‹-Perspektive ein Wissen zugesprochen wird, sondern er weiß auch, daß ihm ein Wissen davon, daß er dies weiß, zugesprochen wird. Die Struktur der daraus resultierenden Verschachtelung des Wissens läßt sich mit der hier bereits gebrauchten Formel ausdrücken: Ich weiß, daß er weiß …, daß ich weiß, daß er weiß … Da jedes Wissen zugleich das Wissen des anderen von diesem Wissen impliziert – und das aufgrund der notwendigen, wenn auch nicht explizit gemachten Voraussetzungen in der Tugendhatschen Formel –, kommt es dabei zu einem unendlichen Einschachtelungsprozeß (und dies sowohl aus der ›ich‹- als auch aus der ›er‹-Perspektive). Tugendhat hat also nicht nur übersehen, was einen kompetenten Sprecher nach seiner Formel *de facto* auszeichnet; er hat mit seinem Ansatz, die Ich-Kompetenz an eine mögliche Zuschreibung von außen zu binden, eine unendliche Verweisungsstruktur (einen Regreß) heraufbeschworen, die seine Definition von »semantischem« Selbstbewußtsein nachgerade unmöglich macht (NiZ, 110 f.).

(b) Der zweite Zirkel ergibt sich daraus, daß die Tugendhatsche Definition Selbstbewußtsein bereits impliziert (und zwar als wissende Selbstbeziehung!), anstatt dieses erst zu ermöglichen. – Der Kerngehalt von Tugendhats Definition ist nach Henrichs Rekonstruktion, daß dem ›ich‹-Sprecher ein Wissen zugeschrieben werden muß von der Weise, in der *seine* Äußerung aus der ›er‹-Perspektive aufgenommen werden kann (NiZ, 113). Also unterstellt gerade Tugendhats Definitionsversuch, daß der ›ich‹-Sprecher, noch bevor er eine Äußerung getätigt hat und im Grunde unabhängig davon, bereits weiß, was ›ich‹ bedeutet. ›Ich‹ muß aus der Perspektive des ›ich‹-Sprechers bereits verstanden worden sein, damit er auch die Zuschreibung aus der ›er‹-Perspektive, von welcher Tugendhat den Gebrauch von ›ich‹ abhängig macht, verstehen kann. Henrich schreibt: »Denn der ›ich‹-Sprecher weiß von einem Wissen, daß er in Beziehung auf die Aufnahme seiner Äußerung hat. Niemand kann aber von einer Äußerung, die seine ist, als von einer solchen [sc. daß sie seine ist] wissen, ohne daß ihm wissende Selbstbeziehung und also Selbstbewußtsein zugeschrieben werden muß.« (Ebd.) Mithin schließt die Kompetenz, die die Definition Tugendhats voraussetzt, auch Selbstbewußtsein ein, damit die Zuschreibung, deren Kern Tugendhats Definition ausmacht, verstanden werden kann und dadurch wirksam ist. Damit setzt Tugendhats Definition Selbstbewußtsein bereits *voraus.* »Wissen von sich« ist eine Voraussetzung des regelgeleiteten Gebrauches von ›ich‹, nicht umgekehrt!

(c) Eine weitere Betrachtung ergibt, daß nicht nur gilt, daß der ›ich‹-Sprecher bereits über Selbstbewußtsein verfügen muß, wenn er den Ausdruck ›ich‹ richtig gebrauchen können soll, sondern auch, daß ihm dies auch aus der ›er‹-Perspektive unterstellt werden muß, wenn Tugendhats Definition gültig sein soll. Denn wie wir gesehen haben – gemäß dem »ich weiß, daß er weiß, daß *ich* weiß« usw. – ist das Wissen, das Tugendhats ›er‹-Sprecher dem ›ich‹-Sprecher unterstellt, ein *Wissen von sich.* Da dieses Wissen von sich den kompetenten Gebrauch in Tugendhats Formel bedingt, unterstellt auch der ›er‹-Sprecher dem ›ich‹-Sprecher *Selbstbewußtsein.* Henrich schreibt (NiZ, 125): »Es muß ihm [sc. dem ›ich‹-Sprecher] vielmehr das Wissen zugesprochen werden, daß sein ›ich‹-Gebrauch in Beziehung auf *ihn selbst* aus der ›er‹-Perspektive wird aufgenommen werden können. Das heißt aber nun gar nichts anderes als dies, daß ihm aus der ›er‹-Perspektive Selbstbewußtsein zugeschrieben werden kann.« Wenn hingegen der ›er‹-Sprecher nicht sicher sein kann, daß der ›ich‹-Sprecher den Ausdruck ›ich‹ tatsächlich *mit Bezug auf sich* (d.h. kompetent) gebraucht, kann er den Ausdruck ›er‹ auch nicht sicher auf den ›ich‹-Sprecher anwenden. Erneut zeigt sich die Umkehrung der von Tugendhat behaupteten Bedingungssituation: Selbstbewußtsein im Sinne des »Wissens von sich« ist eine Voraussetzung für den kompetenten Gebrauch von ›ich‹ und *damit* auch eine Voraussetzung für die kompetente Zuschreibung des ›er‹ – nicht umgekehrt. Und dies hat auch Auswirkungen für das Erlernen des Sprachgebrauches: Es setzt ebenso Selbstbewußtsein bereits voraus, als daß jenes – und sei es nur in seiner kognitiven

Form – durch das Erlernen der Ausdrücke begründet oder allein ermöglicht werden könnte.

Henrich hat auf diese Weise gezeigt, welche Fallstricke damit verbunden sind, wenn man versucht, Selbstbewußtsein primär an eine (potentielle) Kommunikationssituation zu knüpfen, d.h. intersubjektiv zu bestimmen.[72] Solche Kommunikationssituationen setzen, wie wir nun mehrfach erkennen konnten, wissende Selbstbeziehung und den Gebrauch bestimmter Begriffe als Ermöglichungsbedingungen voraus, als daß diese durch jene erst ermöglicht werden könnten.[73]

III. Anzumerken bleibt schließlich noch, daß Henrich zuletzt (2007) die Skizze einer eigenen Theorie des Verhältnisses von Philosophie und Sprache vorgelegt hat.[74] Henrich betrachtet die Sprache danach aus der Perspektive der zentralen *Aufgaben* der Philosophie – d.h. zur »Grenzregie« des Denkens (hier geht es um Abschlußgedanken wie den des »Grundes« oder des »Ganzen«, aber auch um die Grenzen des Begreifens und Erklärens); zur Synthesisleistung im Zusammenhang mit dem, was über den Menschen und seine Wirklichkeit wissenschaftlich erkannt und gewußt werden kann; und schließlich zur Lebensorientierung (S. 73 ff.). Diese Aufgaben sind nur im Blick auf das Selbstbewußtsein und seine interne Gegensätzlichkeit zu bewältigen (S. 39). Für ihre Bewältigung ist auch eine entsprechende Mitteilungsform zu finden, für die die Voraussetzungen in der Ausdruckskraft der gebrauchten Sprache liegen müssen. Die natürliche Sprache und die in ihr über ihre lange und vielgestaltige Entwicklung vorgebildeten Möglichkeiten – in welcher sich die Ausbildung der Gedanken der Menschen und ihre Bewegung ja auch vollziehen – ist dafür die am besten geeignete Sprachform (S. 41 f.). Zugleich muß die Philosophie ihre Möglichkeiten weiterbilden in Richtung auf »Begründungen und Begriffe«, die der o.g. Grenzregie angemessen sind.[75] Hierfür sind auch »Schlüsselworte« (S. 43 f.) entscheidend, in denen sich philosophische Konzeptionen konzentriert aussprechen, wie »Idee«, »Geist« oder »Grund«. Nicht jede Sprache hat gleichermaßen die Anlage zur Ausbildung solcher Worte. Zwar bestimmt die Sprache und ihre Welt die Lösung der philosophischen Aufgaben nicht vorweg; doch eröffnet sie ihnen »in der ihr eigenen Flexibilität der Formbildung […] einen Raum für [deren] Konzeptionskraft«, kraft der »Gedankenbahnen [...] welche in der Sprache über Jahrtausende hinweg vorgebildet worden sind« (S. 47 f.). Henrich resümiert (S. 48 f.):

> So ist für die Philosophie beides wesentlich: Sie bedarf der Distanz gegenüber Vorgaben in der Sprache, die zum Nachdenken über sie unerläßlich ist – auch um sich vor Irrwegen zu bewahren, in die sie durch solche Vorgaben gezogen werden kann. Sie bedarf aber auch der Fähigkeit, solche Vorgaben bei der Ausbildung ihrer synthetischen Inspiration sich hilfreich werden zu lassen. In welchem Maß der Abwägung und des Ausgleichs Sprachkritik und von der Sprache getragene Inspiration für ein philosophisches Unternehmen fruchtbar werden, das bestimmt sich aus der historischen Situation, in welche die Philosophie bei der Ausbildung ihrer synthetischen Gedanken gelangt oder in die sie einbezogen worden ist.

Wie wir sehen, ist damit die Aufgabe der Philosophie für Henrich in erster Linie eine *sachliche*. Sie besteht zwar nicht unabhängig von einer durch und in der natürlichen Sprache sich vollziehenden Lebensform. Gleichwohl bietet die Sachdimension der Philosophie, insbesondere durch ihre Verankerung in der menschlichen Subjektivität, auch die Grundlage dafür, die natürliche Sprache – ebenso die formalen Sprachen und die mit ihnen verbundenen Ansprüche – kritisch zu reflektieren und, wo nötig, in ihrer Geltung zu begrenzen. Zugleich ist die Aufgabe der Philosophie damit verbunden, die Potentiale der Sprache hinsichtlich ihrer Ausdrucksmöglichkeiten zu heben und in der Verfolgung der Sachaufgaben weiterzubilden, was bedeutet, die Sprache durch die Philosophie zu bereichern und zu entwickeln. Dies hat in der Vergangenheit, wie Henrich zum Schluß seiner Abhandlung darlegt, unter anderem die »Sprache des Idealismus« (S. 49 ff.) geleistet (die Tugendhat ja kritisiert). Demgegenüber ist der Anspruch des analytischen Philosophierens, das Denken nur auf eine bestimmte sprachliche Verfassung zu beschränken und es nur daraufhin gelten lassen zu wollen, für Henrich nicht hinreichend fundiert, und zwar weder philosophisch noch aus einer angemessenen Betrachtung der Sprache heraus (S. 28 ff.).

3.5 Theorie des Subjekts und Kant-Interpretation

I. Henrich hat sich bereits früh auch mit der Frage nach der Einheit des Subjekts in Immanuel Kants transzendentaler Rekonstruktion befaßt (s.o. Abschnitt 2.3, II). Damals war er aber über eine eher äußerliche Bestimmung dieser Einheit als einheitlichen Funktionszusammenhangs kaum hinausgekommen. Aufgrund der entscheidenden Funktion des »Ich denke« für die Möglichkeit von Erkenntnis überhaupt galt jedoch, daß die Bedingungen von Erkenntnis und von Selbstbewußtsein in einer konstitutiven Beziehung stehen müssen. So richtete sich der Blick fort von Selbstbewußtsein als einer bloßen Funktionsbedingung von Objektbewußtsein hin zur inneren Verknüpfung beider. Henrich schreibt in einem Beitrag von 1973:[76]

> Kant hat dieses [sc. sein philosophisches] System in dem Einheitsprinzip der Einheit des Selbstbewußtseins begründet. Von ihm sollen alle seine Sätze abgeleitet werden. Das Verfahren dieser Ableitung besteht aber nicht darin, analytische Implikationen im Begriff des Selbstbewußtseins zu entwickeln. Es gibt vielmehr Voraussetzungen für die *Möglichkeit des Fungierens* eines Selbstbewußtseins an. Damit gelangt es zu Bedingungen, die nicht durch die Struktur des Selbstbewußtseins allein schon gegeben sind, die aber, und zwar *kraft* seiner Struktur, vorausgesetzt werden müssen, damit ein Selbstbewußtsein wirklich werden kann. Die Argumentationsweise ist ganz eigentümlich kantisch. Sie verbindet zwei Sätze miteinander, welche man für die beiden formalen Grundpositionen des kantischen Systems halten kann: (1) Es muß ein einheitliches Prinzip geben, von dem her Wissen sich begreifen läßt; (2) dennoch darf dieses Prinzip nicht zu einem Prinzipienmonismus führen; es muß die Entdeckung von der wesentlichen Verschiedenheit unserer Erkenntnisstämme berücksichtigen und ein Raisonnement ermöglichen, das deren unableitbaren Zusammenhang zur Voraussetzung hat. Diese Methode der Argumentation unterscheidet sich sowohl von der Vermögenspsychologie des Empirismus als auch von den Lehren über die schlechthin universellen Implikationen des Ich, welche Kants Positionen in die des spekulativen Idealismus überführten. Dem Empirismus fehlte jedes Einheitsprinzip. Die Gestalt

des Idealismus, die historisch wirksam geworden ist, hatte keinen Begriff von einer wesentlichen Einheit ursprünglich verschiedener Elemente. Die transzendentale Deduktion Kants, *aber nur in ihrer zweiten Version*, enthält, wenn auch unausgearbeitet, einen solchen Begriff. Sie verfährt, wenn auch mühsam, nach einer Beweismethode, welche sich an diesem Begriff orientiert.

Kant selbst hatte das »Prinzip« nirgends expliziert; das »Ich denke« war von ihm als ein zwar spontan auftretender, aber doch in sich einfacher und leerer Gedanke verstanden worden. Henrich versuchte daher, vor allem während der siebziger Jahre, eine systematische Rekonstruktion von Kants Überlegung auszuarbeiten, die zwar als Interpretation des Kantischen Textes dienen konnte, sich jedoch zugleich davon fortzubewegen hatte, wenn sie den sachlichen Zusammenhang hinreichend und transparent darlegen wollte.[77] Dabei zeigte sich, daß Kants Methodenbegriff, aber auch sein Verständnis des transzendentalen Subjekts (einheitlich, doch zugleich in sich gegliedert und auf verschiedenen Faktoren beruhend) Henrichs eigener Auffassung des Subjekts entgegenkam – wenn sie durch Kants Lehre nicht sogar ursprünglich beeinflußt worden war. An Kants Begriff der transzendentalen Deduktion ließen sich deshalb einige Sachverhalte genauer ausführen, die in den bisherigen systematischen Arbeiten zum Selbstbewußtsein offengeblieben waren, insbesondere was das Verhältnis von Selbstbewußtsein und kategorial bestimmtem Objektbewußtsein betraf.[78] Von Kants Gedanken des »Ich denke« ausgehend, argumentierte Henrich wie folgt: Wenn ein Bewußtsein auch seiner Identität-mit-sich bewußt sein können soll, muß es seiner als desselben Subjekts in einer Menge von Bewußtseinszuständen bewußt werden (sowohl was die Menge als ganze als auch was die je einzelnen Bewußtseinszustände betrifft). Es muß insofern als das seiner selbst bewußte Subjekt auch zwischen den Bewußtseinszuständen *übergehen* können (IuO, 72 f.). Die *Synthesis* solcher Bewußtseinszustände ist also eine Voraussetzung dafür, daß sich das Subjekt in allen Gedanken und Zuständen als mit sich identisch weiß. Das Subjekt muß sich daher (und zwar a priori) in und durch die Weisen der Synthesis als sich selbst wissen können, ohne daß dieses Selbstwissen auch schon die einzelnen Inhalte bestimmter Gedanken oder Zustände umfaßt (welche ihrerseits nicht a priori bekannt sind). Dies ist möglich nur als ein Wissen von den *Regeln* des Überganges (als Prinzipien realer Folgebeziehungen, nicht bloßer zeitlicher Folgen) (IuO, 87ff., vgl. auch 106). Das Subjekt, der Gedanke des Ich, ist daher auf einen Inbegriff möglicher Übergänge bezogen (IuO 92). Die Reflexionshandlung des Subjekts, in der es in allen Gedanken und Zuständen auch auf sich reflektiert,[79] schließt die Möglichkeit dieser Synthesisleistungen und das Wissen um diese Möglichkeit ein (ebd.; vgl. auch IuO, 95: Eine Synthesis nach Regeln innerhalb des Bewußtseins setzt die Regelgemäßheit der Synthesis *zum* Bewußtsein voraus). Damit fungieren die kantischen Urteilsformen, die solche Übergangsregeln ausdrücken und die damit zugleich die Objektivität der Vorstellungen des Subjekts begründen, kraft des Doppelsinnes von Verbindung, den sie erfüllen, auch als Regeln des Bewußtseins der Identität des Subjekts. Mit diesem Gedankengang, den Kant zwar nicht ausdrücklich vortrug, der aber der transzendentalen Deduktion dem Sinne nach zugrunde liegt, konnte Kant laut Henrich beanspruchen, die Geltung der Kategorien als Synthesisregeln (in ihrer doppelten Funktion) begründet zu haben.

Henrich führt mit dieser Interpretation das klassische Kantische Projekt einer transzendentalen Begründung von Objektbewußtsein fort, interpretiert aber den Zusammenhang mit Kants »Ich denke«, das »alle meine Vorstellungen begleiten können« muß (§ 16 der »Transzendentalen Deduktion« der *Kritik der reinen Vernunft*, B 131), wesentlich enger, als es Kant tat. Er verbindet den Ich-denke-Gedanken, das Ich-Bewußtsein, mit dem Gedanken von einem Inbegriff der Synthesisleistungen des Subjekts, und dies so, daß diese Leistungen sowohl das Objektbewußtsein als auch das Selbstbewußtsein *in* allen Gedanken und Zuständen eines Bewußtseins von etwas fundieren. Dies geschieht natürlich auf unterschiedliche Weise, da das Subjekt selbst kein (möglicher) Erfahrungsgegenstand ist. Für unsere Fragestellung ist wichtig, daß das, was wir hier als Henrichs Interpretation dargestellt haben, Kants »transzendentale Logik« betrifft. Davon sind zu unterscheiden die reinen Anschauungsformen von Zeit und Raum (die in die »transzendentale Ästhetik« fallen), die aber nach Henrich selbst bereits unter den Synthesisregeln (»Kategorien«) stehen und durch sie auch ihre Einheit erhalten.[80] In ihnen werden Vorstellungsinhalte *gegeben*, nicht durch das Selbstbewußtsein gemacht. Insofern verändert sich das Subjekt regelmäßig, wenn es auf diese Vorstellungsinhalte in ihrer Verknüpftheit mit anderen Gehalten reflektiert. Daraus entwickelt Henrich die Überlegung, daß das Subjekt nicht, wie Kant meinte, bloß als numerisch Identisches charakterisiert werden kann. Es muß seine Identität vielmehr auch über die Veränderungen, die es durch die Reflexion auf die Vorstellungskomplexe *selbst* erfährt, bewahren (IuO, 76 ff.). (Henrich spricht in diesem Zusammenhang von einem gemäßigten Sinn von Identität im Gegensatz zu einem strikten Sinn, vgl. IuO, 82.[81])

Was wir hier erkennen können, ist eine elaborierte Form nicht nur von Kants Theorie des transzendentalen Subjekts, sondern auch von Henrichs eigenem dreigliedrigen Modell aus »Selbstsein und Bewußtsein« (Abschnitt 2.2, II). Der Inbegriff der Synthesisleistungen (das »transzendentale Ich«) operiert (durch »Reflexion«) auf davon zu unterscheidende Gehalte im Bewußtsein, die aber bereits unter Regeln dieses Inbegriffs (»Kategorien«) stehen. Während Henrich in der »Kritischen Einleitung« (Abschnitt 2.2, I) den Ich-Gedanken mit diesem »Inbegriff« (als einem Element dessen, was Henrich damals »Selbst« nannte) noch vereinte, betont er in *Identität und Objektivität* bereits ihre Differenz und ihr komplexes Verhältnis zueinander. Selbstbewußtsein und Regelbegriff stehen (bei Kant) in »einem unabweisbaren, wenngleich nicht logisch herleitbaren wechselseitigen Abhängigkeitsverhältnis« (IuO, 111). Henrich unterscheidet damit beide zwar, betont aber ebenso, daß es Selbstbewußtsein nur im Zusammenhang mit Objektsynthese geben kann und umkehrt. Zugleich klammert er die Frage aus, *wie* diese komplexe Struktur insgesamt (insbesondere was die Einbeziehung der Anschauungsformen in das Modell betrifft) unter dem Selbstbewußtsein des Subjekts (Ich-Gedanke) zu stehen vermag.

Weil Henrichs Überlegung an der o. a. Stelle auch ein Licht auf den zuvor erörterten Versuch, Selbstbewußtsein intersubjektiv zu bestimmen, wirft, sei sie hier zum Schluß ausführlich zitiert (IuO, 110 f.):

> Kant ging [...] von der Prämisse aus, daß das Selbstbewußtsein nicht nur letzter Bezugspunkt aller Gewißheit, sondern auch selbstgenügsames Prinzip für eine philosophische Analyse sei. Die

Einheitsbegriffe, die er auf es anwandte, wollte er auch von ihm her *gewinnen*. Darum war die Aufgabe, logische Grundfunktionen zu untersuchen, für ihn der Aufgabe nachgeordnet, die Grundaspekte des Selbstbewußtseins zu entwickeln. Heute wird man am ehesten darin den Grund für die Schwächen suchen, an denen viele Argumente Kants auch noch leiden, nachdem sie voll ausgearbeitet worden sind. Steht einmal fest, daß die semantische Analyse die Methode der prima philosophia sein muß, so folgt daraus, daß die Argumente einer Theorie, welche sich auf das Prinzip Selbstbewußtsein gründet, immer dann schwach werden müssen, wenn sie aus Charakteren des Bewußtseins logische Charaktere von Regeln oder gar Einsicht in die Notwendigkeit der Geltung von Regeln gewinnen wollen. Wird das kantische Theorieprogramm so dargestellt, so kann es geradezu als historischer Gegenentwurf zur semantischen Theorie und als deren wichtigster Opponent erschienen. In Wahrheit ist er aber nur ihr notwendiges Korrektiv. Zeigt sich nämlich, daß Selbstbewußtsein gar nicht als bloßes Implikat eines Verweisungszusammenhanges von Sätzen verständlich gemacht werden kann, daß es vielmehr im Referenzsystem der Sprache eine konstitutive und originäre Funktion innehat, so stellt sich damit auch die Aufgabe aufs neue, der Kant nachging, als er einsichtig zu machen versuchte, daß Selbstbewußtsein und Regelbegriff in einem unabweisbaren, wenngleich nicht logisch herleitbaren wechselseitigen Abhängigkeitsverhältnis stehen.

Wir sehen somit, daß beiden, idealistischer Philosophie und Sprachanalyse, ein Verständnis von Selbstbewußtsein zukommt, das dieses mit einem »Verweiszusammenhang von Sätzen« vereint, entweder indem es diesen Zusammenhang aus dem Gedanken vom Ich selbst ableitet oder indem es umgekehrt Selbstbewußtsein zu einem derivativen Sachverhalt eines solchen Zusammenhanges erklärt. Zwar betont Henrich an dieser Stelle die wechselseitige Abhängigkeit beider voneinander, doch spricht er zugleich (mit Kant) auch ihre sachliche Verschiedenheit an – und widerspricht damit sowohl dem sprachanalytischen als auch dem idealistischen Verständnis von Selbstbewußtsein.

II. Nun war Henrich schon früh davon überzeugt, daß es Kant in mancher Hinsicht absichtlich vermieden hatte, sich über die innere Struktur des transzendentalen Subjekts hinreichend klar und differenziert auszudrücken.[82] Henrich hatte in seinen früheren Arbeiten (gerade IuO) deshalb auch versucht, diese Theoriedefizite auszugleichen. Doch selbst wenn diese Versuche wichtige Einsichten brachten, die sowohl systematisch als auch als Kant-Interpretationen ihren Wert behalten sollten – nach der Wende um 1980 (s. o. Abschnitt 3.1) konnte er nicht mehr ernsthaft damit rechnen, die Strukturanalyse vollständig und befriedigend abzuschließen. Wie Selbstsein (»Ich denke«) bei Kant mit den übrigen Elementen von Bewußtsein (zirkelfrei) zusammenhängt und wie der Gesamtzusammenhang von Selbstbewußtsein und Objekterkenntnis »spontan« entsteht, war nicht definitiv zu klären. Insofern konnten auch Henrichs Kant-Analysen lediglich »Approximationen« an das Phänomen des Selbstbewußtseins bei Kant sein – zumal immer die Gefahr bestand, daß diesen Rekonstruktionen versteckte Zirkel unterlagen. Henrich hat daher seine in der deutschen Kantforschung einflußreichen Untersuchungen in dieser Detailliertheit nicht mehr fortgeführt. Statt dessen änderte sich seine Einstellung zu Kants »Theorievermeidung«[83] deutlich. Er betonte in der Folge vielmehr, daß Kant die Auffassung vertreten habe, es ließen sich die wirklichen Grundlagen der Möglichkeit von Erfahrungserkenntnis nicht vollständig aufklären. Die »Probleme« von Kants theoretischer Konzeption verstand Henrich nun dahingehend, daß sie auf einen Kant eigentümlichen Theorieansatz verwiesen. Eine Theorie nach diesem Ansatz ist nicht mehr strenge Erkenntnis (d. h. von der Art Erkenntnis, die sie selbst begründen soll), sondern »ein Gang zu ersten Gewißheiten, die immun gegen Korrektur aus Erfahrung sind, nicht aber auch der Anfang zu einer selbstgenügsamen ersten Wissenschaft, in der eine geschlossene und durchsichtige Dimension – die der Erkenntnisgründe – eine Art von reinem Gegenstandsbereich ausmacht«.[84] Kant hatte danach nur die Grundelemente einer Theorie der Erkenntnis exponieren können, die die Erkenntnisansprüche und -grenzen zwar abzusichern vermag, die aber doch zu keinem klaren und vollständigen Bild des Zusammenhanges dieser Elemente, der Grundlage dieses Zusammenhanges und selbst ihrer Funktionsbeziehung gelangt. Seine transzendentale Konzeption muß insofern als das Resultat der *positiven* Einsicht Kants in die Schwierigkeiten der Aufgabe einer letzten Erschließung von Selbstbewußtsein verstanden werden – und nicht als Folge einer individuellen Grenze oder bloßen Bescheidenheit des theoretischen Anspruches. Doch hatte Kant dies nicht deutlich benannt. Deswegen konnte über seinen Ansatz auch lange Zeit Unklarheit bestehen. Dies war – gemäß Henrichs Darstellung – einer der Gründe dafür, daß den nachkantischen Autoren bei ihren Versuchen der kritischen Überbietung von Kants Theorie des Erkenntnissubjekts die Probleme und Schwierigkeiten eines solchen Unternehmens nicht vollständig vor Augen standen.

Henrichs nunmehr verändertes Kant-Verständnis erlaubte es ihm, die bisherigen Schwierigkeiten bei der Interpretation von Kants transzendentaler Deduktion in einem neuen Licht zu sehen. Während er zuvor noch versucht hatte, sie in eigenen Ansätzen zu überwinden,[85] begriff er sie nun als Einsicht in notwendige Theoriegrenzen. Dies führte – ähnlich wie im Zusammenhang mit seinen systematischen Versuchen – auch in seiner Kant-Interpretation zu einem veränderten Verständnis der Methode, d.h. in diesem Fall: der kantischen »Deduktion«. Kants verschiedene Hinweise auf den juridischen Hintergrund seines Deduktionsbegriffs aufgreifend,[86] interpretierte Henrich Kants Deduktion nunmehr nur noch als Rechtfertigungsverfahren für die Ansprüche der Vernunft gegen die Erkenntnisskepsis. Eine solche Rechtfertigung war für Kant möglich durch den Aufweis apriorischen Wissens im Subjekt, welches den Bereich des faktischen Erfahrungswissens bedingt. Nicht möglich war es damit jedoch, »Ideen«, die den Bereich der Erfahrung überschreiten, abzuwehren – solange ihr Gehalt nur nicht als gerechtfertigtes Wissen ausgegeben wurde! Auf diese Weise sicherte und begrenzte die »Deduktion« zwar die Ansprüche der Vernunft, doch stand sie nicht mit einer umfassenden Synthese in Verbindung, wie dies bei klassischen philosophischen Deduktionssystemen (etwa Spinoza), aber auch bei denen der nachkantischen Vernunfttheorien der Fall war. Ebenso blieb sie abhängig von Tatsachen, die sie nicht selbst »herzuleiten« vermochte. Mit *diesem* Methodenkonzept stand Kant für Henrich nun aber wesentlich moderner und überzeugender da als die nachkantischen Philosophien, die danach getrachtet hatten, Kants Inkonsequenzen und Lücken in einem umfassenden apriorischen Ansatz zu bereinigen. Auch konnten nun Theorieschwierigkeiten erneut fruchtbar für einen veränderten Ansatz werden (wie zuvor schon in Henrichs *systematischen* Überlegungen), und das kantische Beispiel konnte wieder, wenn auch in anderer Weise als zuvor, in den eigenen Ansatz eingehen. Die Parallelität dieses Vorganges zu dem Umbruch in seiner eigenen Theorie des Selbstbewußtseins zeigt deutlich, wie eng verflochten beide Forschungsbereiche bei Henrich waren und wie zentral die Kant-Interpretation für sein eigenes Selbstbewußtseinsprojekt war.[87]

4. Weiterführung der Neukonzeption der achtziger Jahre

I. Die Neukonzeption in *Fluchtlinien* bezog sich auf eine theoretische Lage, die durch eine doppelte Entzogenheit geprägt war. Zum einen ließen sich Struktur und Genese von Selbstbewußtsein nicht mehr vollständig aufklären. Nur noch seine Leistungen (»Funktionen«) ließen sich in ihrem Zusammenspiel bestimmen. Das Phänomen war, wie Henrich sich ja ausdrückte, nicht hinreichend »theoriefähig«. Zum anderen ließ sich Selbstbewußtsein nun auch nicht (mehr) aus sich selbst heraus erklären. Doch im Gegensatz zu den Überlegungen, die Henrich bereits in »Fichtes ursprüngliche Einsicht« zur Annahme eines Grundes von Selbstbewußtsein geführt hatten, war die Ansetzung eines solchen Grundes nun durch die erste Entzogenheit mitgeprägt. Zuvor hatten sich Funktionsweise und Eigenschaften des Grundes noch annähernd (transzendental) bestimmen lassen, da klar schien, wie die Struktur von Selbstbewußtsein aussieht. Nunmehr aber war durch die Unklarheit über den Aufbau und die innere Organisation des Selbstbewußtseins auch die Weise, wie der Grund es begründet und in seiner Aktivität erhält, nicht mehr eindeutig anzugeben. Prinzipiell wäre es zwar denkbar gewesen, den Versuch zu unternehmen, Selbstbewußtsein aus einem einzelnen seiner strukturellen Merkmale heraus zu erklären. Doch da Henrichs Analysen (Abschnitt 3.3) ihm gezeigt hatten, daß dies nicht möglich ist, mußte er davon ausgehen, daß es ein der Funktionsbeschreibung entzogenes Element gibt, das den ganzen Komplex fundiert und erhält. Selbstbewußtsein mußte somit als ein Faktum verstanden werden, das durch einen ihm selbst entzogenen Grund in sein Bestehen und seine Verfaßtheit *eingesetzt* ist. Dies hatte in einer Theorie des menschlichen Selbstseins bedacht zu sein.

Jenseits der bereichsphilosophischen Bedeutung der Resultate von Henrichs Forschungen zum Thema »Selbstbewußtsein« war für ihren Urheber immer klar, daß sie nicht nur für sich stehen, sondern in die übergeordnete Fragestellung nach der Selbstverständigung und Selbstdeutung des Menschen gehören. Die doppelte Entzogenheit von Selbstbewußtsein (epistemisch und ontologisch) mußte daher auch in das Selbstverstehen des Menschen integriert werden. Da sie eine notwendige war, mußte es einen Sinn haben, daß der Mensch sich in der Dynamik seines Lebens und dessen Deutungen nicht so ohne weiteres auf die Grundverfassung seiner Subjektivität zurückziehen konnte, wie dies im Kern die Transzendentalphilosophie vorgeschlagen hatte. Dieser Sachverhalt betraf auch die *Methode*, die die Transzendentalphilosophie dabei angewandt hatte. Während »Erklären«, »Herleiten« und »Rückführen« weiterhin zentrale Elemente der Selbstverständigung des Menschen in seiner Welt und seinem Leben blieben, fanden sie am Phänomen des Selbstbewußtseins ihre Grenze. Sie konnten daher nicht als universale Methodik der Selbstdeutung des Menschen fungieren. Dies zeigte sich auch darin, daß sie noch nicht einmal dazu geeignet waren, das *Ganze* der erfahrbaren Welt zu erfassen und auszuschöpfen. Beide Schwierigkeiten deuteten auf eine begriffliche und methodische Verfahrensweise hin, die sich vom Modell exakten Wissens verabschieden mußte, wenn sie das Selbstsein des Menschen in seiner Welt nicht reduktiv und inadäquat erfassen wollte. Dies führte Henrich schließlich dazu, die Methode des »spekulativen Denkens« auszubilden, die einerseits die anderen Methoden integrieren und andererseits in der Lage sein sollte, den großen *Zusammenhang* von Welt- und Selbstverständnis des Menschen zu artikulieren. Hinzu trat zu dieser Theorielage noch, daß Selbstbewußtsein nicht mehr nur in seiner *allgemeinen* Struktur verstanden werden durfte. Als eigentliche Herausforderung hatte sich in den früheren Entwürfen das Verstehen des individuellen »Für-mich« erwiesen. Es war nicht nur dasjenige Problem, an dem die Modelle der siebziger Jahre gescheitert waren, es war darüber hinaus ein Sachverhalt, der die einfache Übernahme der Strategien des spekulativen Denkens von Autoren wie Fichte und Hegel erschwerte (soviel Henrichs eigene Überlegungen diesen Autoren auch verdankten). Nur wenn der Sachverhalt des »Für-mich« berücksichtigt werden konnte, konnte die Theorie tatsächlich ihrem Anliegen, dem Einzelnen zu helfen, *sich* in *seiner* Welt zu verstehen, entsprechen (und würde nicht lediglich von einem anonymen »Selbst« oder einem »großen Ich« handeln).

Die neue Theorie, die Henrich wegen ihres umfassenden Charakters und ihrer Bedeutung für das Selbstverständnis des Menschen »Metaphysik« nannte und die auch Elemente klassischer metaphysischer Theorien aufnehmen sollte, konnte keine streng wissenschaftliche Theorie sein. Vielmehr mußte sie Konzeptionen vom Ganzen auf der Grundlage der Erfahrung des Menschen mit sich und seiner Wirklichkeit entwickeln, die der Aufgabe der Selbstdeutung gewachsen sind, ohne dabei zugleich auf dauerhafte und sichere Erkenntnisse ausgelegt zu sein. In den folgenden Jahrzehnten sollte Henrich – neben den umfangreichen historischen Arbeiten zur Frühgeschichte des Deutschen Idealismus, die einen erheblichen Teil seiner Zeit während der achtziger und neunziger Jahre beanspruchten – vor allem an Elementen dieser »Metaphysik« arbeiten, welche z. B. auch praktische und ästhetische Fragen einschlossen.[88] Allerdings ist es Henrich nach eigenem Bekunden nie gelungen, eine solche Theorie zu einem einigermaßen befriedigenden Grad der Ausarbeitung zu bringen.[89] Nur Aspekte, Perspektiven oder, wie er es mit seinem Buchtitel von 1982 benannte, »Fluchtlinien« hat Henrich dazu in den folgenden Jahrzehnten vorgelegt.

II. Den letzten größeren Entwurf seiner Theorie der Subjektivität präsentierte Dieter Henrich in Gestalt einiger Vorlesungen, die größtenteils in den Jahren 2003 bis 2005 gehalten worden sind. Sie sind als Buch unter dem Titel *Denken und Selbstsein* (2007) veröffentlicht worden.[90] Darin stehen die Fragen nach der Struktur und Genese von Selbstbewußtsein und wissender Selbstbeziehung nicht mehr im Zentrum der Erörterungen (vgl. DS, 372). Der Schwerpunkt liegt vielmehr auf den umfassenderen Fragen der Selbstdeutung des Menschen in seinem »bewußten Leben«. Es geht dabei um solche Themen wie das »sittliche Bewußtsein«, das »Mitsein« mit anderen, Einzelnheit und Ganzes, Freiheit und Lebensentwurf. Darin legt Henrich auch noch einmal den Entwurf eines spekulativen oder, wie es dort vor allem heißt, »extrapolierenden« Verständnisses der menschlichen Subjektivität vor (Kapitel V, 1–3; DS, 249 ff.).[91] Demnach ist ein solches Verständnis *Denken*, doch im Gegensatz zur Religion oder zum Mythos ist es methodisch reflektiertes Denken; mit ihm ist deshalb nicht auch schon seine Wahrheit gegeben (DS, 252, 254). Zwar knüpft es an »Grundfunktionen im Prozess der Subjektivität« (DS, 253) an, doch übersteigt es sie im Hinblick auf »Ideen« vom Grund der Subjektivität und dem Ganzen, in dem jene eingebettet ist. Diese »Ideen« stellen Konzeptionen dar, die umfassende Synthesen einschließen und den Charakter von Entwürfen und Postulaten aufweisen (vgl. auch DS, 274 f.). Wie zuvor schon (vgl. oben Abschnitt 3.2, II) betont Henrich auch hier den gegenüber den Wissenschaften anderen Charakter der Begriffsform(en), die in solchem Denken zur Anwendung kommen. Er nennt sie an dieser Stelle »revisionär« (DS, 253 f.):

> Wo der Grund der Subjektivität mit einem Ganzen zusammenzuführen ist, das nicht den Bedingungen unterliegt, unter denen sich die Welten der Objekte formieren, da werden auch andere formale Verhältnisse als die angesetzt werden müssen, welche die alltagssprachliche Orientierung und die gegenständliche Erkenntnis ermöglichen. Da ein solches Konzept dennoch von der Weltform auszugehen hat, welche der Subjektivität aus ihrer primären Weltbeziehung vertraut ist, muss es aus einer überlegten Revision der Anwendung von deren Grundfunktionen hervorgehen. Ein solches Konzept muss also, um synthetisierend sein zu können, in den Gebrauch revisionärer Begriffsformen hineingezogen werden.

Revisionäre Begriffsformen sind nicht solche, die sich von den einzelwissenschaftlichen Darstellungs- und Argumentationsformen fundamental unterscheiden, sondern solche, die zwar im Ausgang dieser Formen gewonnen werden, zugleich aber das Resultat einer kontrollierten Abweichung davon sind. Nur revisionäre Formen sind in der Lage, das Einzelne und Konkrete und seine Bestimmung mit dem Rahmen von Konzeptionen des Grundes und des Ganzen der Welt- und Selbsterfahrung sinnvoll zu verbinden.

Damit greift Henrich im wesentlichen die Position wieder auf, die er bereits in *Fluchtlinien* vorgestellt hatte (Abschnitt 3.2, II). Eine Vertiefung findet in *Denken und Selbstsein* vor allem hinsichtlich des Zuschnitts der revisionären Begriffsformen statt. Henrich argumentiert hierzu wie folgt: Da die wissende Selbstbeziehung nicht aus sich und nicht aus ihren einzelnen Elementen verstanden und begründet werden kann, bedarf es dafür des davon unabhängigen Grundes. Dieser begründet sie sowohl hinsichtlich ihrer Verfaßtheit als auch hinsichtlich ihres Bestehens (DS, 255 f., vgl. bereits 119 ff.). Dazu muß er als im Wissen von sich gegenwärtig gedacht werden (d. h. als »interne Ermöglichung der Selbsttätigkeit«, DS, 256). *Wie* die Gegenwart des Grundes genau zu verstehen ist, fällt zwar der mangelnden Transparenz des Wissens von sich zum Opfer. Da wir die menschlichen Subjekte aber als Subjekte von Spontaneität und Selbstbestimmung begreifen, sind Gegründetheit und Freiheit des Subjekts in *einer* (revisionären) Begriffsform miteinander zu vereinigen (DS, 257 f.). Der Grund ist somit nicht nur epistemisch entzogen (auch wenn er erst einmal das Resultat einer bloßen transzendentalen Überlegung zu sein scheint), er ist auch ontologisch schwer zu fassen (wegen der unmittelbaren Verschränkung von Abhängigkeit und Freiheit im Begriff der Selbstbeziehung des Subjekts). Eine ähnliche Konstellation ergibt sich im Verhältnis von Einzelnem und »Weltform«. Henrich akzentuiert mit diesem Thema den schon oben angesprochenen Gedanken von der »All-Einheit« bzw. dem »Absoluten« (Abschnitt 3.2, II, sowie die in Anmerkung 48 genannten Texte). In diesem Gedanken werden die voneinander unabhängigen Einzelnen und das Weltganze nicht als Verschiedene begriffen (etwa darin, daß jene als im selbständig bestehenden »Raum« eines solchen Ganzen bloß enthalten gedacht sind). Vielmehr konstituieren Selbständigkeit und Verschiedenheit der Einzelnen ihr Verbundensein zu einer Welt, und ihr Verbundensein zu einer Welt ist die Konstitutions- bzw. Identitätsbedingung ihrer Einzelnheit und Selbständigkeit – und dies jeweils so, daß Einzelnheit und Weltganzes nicht zu einem bloßen Schein herabsinken, sondern unverkürzt gegeneinander bestehen (vgl. dazu auch die Ausführungen in DS, 265 ff.[92]). Wenn Henrich an dieser Stelle nicht von der »Welt«, sondern von der »Welt*form*« spricht (d. h. der Weise, in der sich Subjekte auf das Ganze beziehen), dann spricht er davon, wie die Welt *für* Subjekte erschlossen ist (DS, 260). Doch im *Ganzen* von Welt und Subjekt gehören die Weise, wie das Wirkliche repräsentiert wird, und das Wirkliche selbst natürlich zusammen. Deshalb kann die Form, die das Wirkliche für das Subjekt aufweist, von jenem nicht getrennt werden. »Die Form wird nicht mehr eine andere Dimension gegenüber den Gehalten sein, die in ihr auftreten. Umgekehrt werden die Gehalte in dem, was sie jeweils als einzelne ausmacht, aus der Weltform als solcher zu verstehen sein.« (Ebd.) Die – wenn auch jeweils verschiedenen – Konzeptionen (wechselseitigen) Durchdrungenseins von Grund und Subjekt auf der einen und von Einzelnem und Weltform auf der anderen Seite nennt Henrich »Immanenzgedanken« (DS, 261). Immanenzgedanken folgen nicht allein einem theoretischen Interesse, sondern sind das Resultat der Orientierungsbedürftigkeit sowie der Konfliktbeladenheit des Versuches des Menschen, sich über sich selbst zu verständigen; sie sind also in der Lebenspraxis des Einzelnen angelegt (DS, 262).[93] Damit ist auch die diese Gedanken ausdrückende Begriffsform der All-Einheits-Theorie das Resultat desjenigen Prozesses, der von der Selbstverständigungsaufgabe des Subjekts bestimmt wird, und nicht eine bloße »Kreation von Philosophen« (DS, 273). Allerdings muß in die All-Einheits-Position das Subjekt mit seinem ihm spezifischen Grund eingetragen werden (DS, 275 ff.). Erst dann ist eine Orientierung des Menschen über sich möglich, die auch das in *Fluchtlinien* so genannte »Grundverhältnis« von Subjekt- und Personsein erfaßt (Henrich kann in diesem Zusammenhang auch von der »antizipierten Identität« des Subjekts sprechen, DS, 58 ff.).[94] Eine genauere Ausarbeitung dieses Zusammenhangs in *Denken und Selbstsein* ist Henrich zwar schuldig geblieben. Wichtige Überlegungen hierzu enthalten jedoch seine Stellungnahmen in dem Gespräch, das er in den letzten zwanzig Jahren mit evangelischen und katholischen Theologen über die Frage nach dem Verhältnis von Selbstverständigung und Gottesgedanken geführt hat.[95]

III. Die Frage nach Gott tritt in Henrichs Theorie der Subjektivität in mindestens drei Zusammenhängen in Erscheinung. Der erste Zusammenhang betrifft den ontologischen Beweis von der Existenz Gottes. Dieser Beweistyp, der von Anselm von Canterbury eingeführt worden war und dann von René Descartes, dem Begründer der neuzeitlichen Ontotheologie, erneuert wurde, schließt aus dem Begriff des Wesens von Gott auf dessen Existenz. Gott ist danach ein solches, zu dessen Definition es gehört, daß es existiert. Er ist somit, wie die Tradition sagte, ein »ens necessarium«, ein »notwendig Seiendes«. Henrich hat diesem Beweistyp sogar eine Monographie gewidmet.[96] Das »notwendig Seiende« im Gottesbeweis weist nun eine strukturelle Ähnlichkeit zur »wissenden Selbstbeziehung«, dem »Ich denke«, auf. In diesem Gedanken steht das Subjekt nicht nur in einer Wissensbeziehung zu sich, sondern diese ist untrennbar mit dem Wissen davon verbunden, daß das »Ich« dieses Gedankens existiert. Der »Ich-denke«-Gedanke ist also ein Gedanke, der das Wissen um die Wirklichkeit dessen, wovon er Gedanke ist, einschließt. Doch besteht dieser Einschluß unmittelbar und ist evident, er muß nicht, wie im Gottesbeweis, erst durch Analyse und Schlußfolgerung demonstriert werden. Auch handelt es sich dabei nicht um einen *begrifflichen* Einschluß: Wissen und Existenz sind zwar miteinander untrennbar verbunden, stehen aber nicht in einer *logischen* Notwendigkeitsbeziehung zueinander. Gleichwohl ist die Ähnlichkeit beider »Gedanken« in dieser Hinsicht (so verschieden sie sonst sein mögen) auffällig.

Der zweite Kontext, in dem Gott in Henrichs Theorie der Subjektivität thematisch wird, ist der der religiösen Selbstdeutungen im »bewußten Leben«. Henrich hatte schon in einem Kapitel von *Fluchtlinien* auf den Zusammenhang der religiösen Selbstdeutungen mit der aus der Subjektivität entwickelten Metaphysik hingedeutet.[97] Auch die Religionen entwickeln miteinander konfligierende Welt- und Selbstinterpretationen. So steht der Monotheismus für die Ontologie der Einzelnheit, während monistische Religionen, wie der ursprüngliche Buddhismus oder gewisse mystische Bewegungen innerhalb klassischer Religionen, auf eine all-eine Ontologie hinauslaufen (FL, 117 f.). Indem die christliche Trinitätslehre Gott in eine dreieinige Gestalt überführt, integriert sie Elemente des spekulativen Monismus in die Theologie des personalen Gottes, welche ursprünglich einer entgegengesetzten Ontologie verpflichtet ist (FL, 118 f.). Diese Tendenz, Elemente verschiedener Selbstdeutungen in die eigenen Glaubenslehren einzufügen, lassen sich bei mehreren Religionen nachweisen. Doch die zur Aufklärung über die logischen und ontologischen Verhältnisse, die diese religiösen Formen in Anspruch nehmen, nötigen Einsichten können nicht die Religionen selbst, sondern nur die Philosophie liefern, und nur sie kann zeigen, daß deren Wurzel in der Struktur des Selbstbewußtseins und den möglichen Weisen des Subjekts, sich dazu zu verhalten, liegt (FL, 119 ff.).

Der dritte Kontext, in welchem die Frage nach Gott in den Fokus der Henrichschen Theorie des Subjekts tritt, ist, wie bereits angedeutet, derjenige, in dem nach der möglichen Funktion des Gottesgedankens für eine all-eine Theorie des Ganzen gefragt wird, die auch den Grund des menschlichen Selbstseins zu umfassen vermag. Henrich hat seine Position hierzu in dem 2010 erschienenen Aufsatz »Selbstbewusstsein und Gottesgedanke« skizziert.[98] Dieser Text, der zum Teil eine Diskussion von René Descartes' Gotteslehre darstellt, behandelt das mögliche Verhältnis von Grund und Gott. – In der klassischen rationalen Theologie (v. a. im kosmologischen Argument) wird Gott als Grund der Welt etabliert. Doch solche Ansätze blenden den Sachverhalt, daß der Gottesgedanke der Gedanke eines Subjekts ist und daher mit dem Denken dieses Subjekts zusammenhängt, häufig aus (wobei Descartes durchaus darauf reflektiert hat). Während die theologischen und auch die philosophischen Gotteskonzeptionen ihren Ausgang von der Welterfahrung nehmen, wird der Gedanke des *Grundes* auf eine ganz andere Weise, nämlich als Ausgangspunkt und als Garant der Erhaltung der wissenden Selbstbeziehung des Menschen, eingeführt. Bedenkt man jedoch, daß auch der Gottesgedanke als der Gedanke von einem unendlichen Wesen über alles Weltliche (Endliche) hinausweist, dann gilt auch für diesen Gedanken, daß er nicht aus der Weltbeziehung des Subjekts her begründet und verstanden werden kann (wiewohl sie zu ihm hinzuführen vermag). Für das Denken dieses Gedankens gilt vielmehr, daß er in einer besonderen Beziehung zu den Möglichkeiten des Selbstbewußtseins des Menschen stehen muß. Das erlaubt es Henrich, beide Gedanken miteinander zu verbinden (wobei man diese Verbindung im Sinne des zuvor Dargelegten als einen »Entwurf« verstehen muß[99]): Im Gottesgedanken als solchen zeigt sich die Vermittlung zwischen Gott und Selbst. Wird Gott hierbei nicht nur pauschal als der Grund von allem, sondern spezifisch auch als der Grund des Selbst verstanden und wird dabei die Einsicht, daß der Grund des Selbst von diesem nicht getrennt ist, sondern in ihm wirksam sein muß (als »interner Ermöglichungsgrund«, s. o.), berücksichtigt, dann wird Gott so verstanden, daß er in Sein und Aktivität des menschlichen Selbst gründend und formend eingeht. Gott steht damit in einer all-einen Beziehung zu den menschlichen Subjekten. Und gemäß dem, was von Henrich zuvor schon über »Ideen« und spekulatives Denken gesagt worden ist (Abschnitt 3.2, II), ist die Verfassung von Selbstbewußtsein darauf angelegt, im dadurch begründeten »bewußten Leben« solche Gedanken wie den Gottesgedanken hervorzutreiben und darin die eigene Subjektivität zu integrieren. So »offenbart« sich Gott als der Grund des Ganzen wie des menschlichen Selbstseins, in welchem er durchgängig gegenwärtig ist und welches durch ihn darauf angelegt ist, Gedanken wie solche, die »offenbart« werden können, auszubilden und sich und die Welt von ihnen her zu verstehen sowie in und durch sie (dankbar) den eigenen Grund und Ursprung zu begreifen. Für Henrich scheint dies auch zu bedeuten, daß die Philosophie, insofern sie diese Zusammenhänge aufzuklären und ihnen eine rationale Gestalt zu verleihen vermag, der Theologie Hinweise geben kann sowohl zu ihrer dogmatischen Arbeit am Begriff von Gott als auch zu ihrer Interpretation der dieser Begriffsarbeit zugrundeliegenden Quellen und (heiligen) Schriften.[100]

Wir können damit schließlich erkennen, wie die drei Aspekte der Religion und der Rede von Gott mit dem Selbstbewußtsein des Menschen bei Henrich zusammenhängen: Die besondere Verfassung des Wissens von sich verweist auf etwas, dessen Verfaßtheit seine Wirklichkeit unmittelbar einschließt. Im Gottesbeweis (zumindest dem ontologischen) wird dieser Einschluß als logische Beziehung gedeutet. Dies ist nach Henrich falsch. Doch der damit gewonnene Begriff Gottes als eines »notwendig seienden Wesens« ist ein zentrales Interpretament im Begriff des »All-Einen«. Dabei wurzelt dieser Begriff in der bewußten Beziehung des Menschen zu sich. Er wird so zu einem Gedanken, der sowohl den Grund der Welt als auch den im Grundverhältnis wirksamen Grund menschlichen Selbstseins expliziert. Er ist damit auch einer derjenigen Gedanken, auf welche das aus der Verfassung der Subjektivität ausgehende »bewußte Leben« angelegt ist, wenn es über sich und seine Stellung im Ganzen seiner Welt- und Selbsterfahrung Klarheit erlangen will. Eine recht verstandene Theorie des Subjekts erweist also nach Henrich »Gott« bzw. »das Absolute« als zentrale Perspektiven der menschlichen Selbstverständigung.

5. Selbstbewußtseinsphilosophie und Sinntheorie – Anmerkungen zu Dieter Henrich

Nachdem wir uns im Vorangehenden bemüht haben, Dieter Henrichs Position möglichst genau wiederzugeben, ist es erforderlich, einige seiner Thesen gründlicher zu prüfen. Diese Prüfung wird zusätzliches Licht auf das bisher Betrachtete werfen. Die Diskussionspunkte folgen dabei im wesentlichen dem Aufbau dieser Abhandlung. Die Verfahrensweise der Diskussion ist *immanent*, d.h. sie bewertet die Überlegungen des Autors bzw. seiner diskutierten Texte an den Voraussetzungen, Zielen und Standards, die diese erkennen lassen.

A) *Philosophie und Wissenschaft.* – Wie wir in Abschnitt 1 erfahren haben, opponiert Henrich die Philosophie als »Lebenslehre« der Philosophie als Wissenschaft. Dabei zeigt sich, daß er Wissenschaft und Forschung als Synonyme auffaßt. Nun mag es zwar richtig sein, daß die Philosophie – gerade in ihrer Gestalt als »Lebenslehre« und »spekulativem Denken« – ein besonderer Ausdruck der menschlichen Rationalität ist. Doch die Quintessenz von Henrichs Einteilung ist, daß die Philosophie nach *diesem* Verständnis im Kanon der universitären Wissenschaften kaum noch einen Platz einnehmen kann. Nach dem Verständnis von Wissenschaft, das Henrichs Einteilung zugrunde liegt, kann es eine moderne Wissenschaft vom *Ganzen* – wie es die klassische Philosophie über Jahrhunderte war, auch die akademische – nicht geben. Zum einen liegt dies in der Entwicklung der Wissenschaften allgemein und der Philosophie im besonderen begründet, da sie (als Forschungsdisziplinen) nur noch *Sparten* des Wirklichen zum Gegenstand haben. Zum anderen ist dafür auch Henrichs eigene Bestimmung der Philosophie als »Lebenslehre« verantwortlich, da diese die Besinnung auf das Ganze vorweg in den Dienst der Selbstverständigung des »bewußten Lebens« stellt. Eine »Wissenschaft vom Ganzen« ist vielleicht noch *denkbar*, aber unter den gegenwärtigen Bedingungen der Wissenschaftskultur unmöglich. Jedoch wäre sie wegen der spezifischen logischen und ontologischen Herausforderungen, die Henrichs Verständnis einer genuin *philosophischen* Selbstdeutung einschließt, ein besonderes Desiderat – gerade im Dienst des menschlichen Selbstseins! So droht, daß die damit verbundenen Aufgaben nur noch außerhalb der Wissenschaft, etwa in Literatur und Kunst, behandelt werden können. Es kann aber kein Zweifel daran bestehen, daß »spekulatives Denken« einer methodischen, d.h. wissenschaftlichen Kontrolle bedarf und ebenso eines gelehrten Überblicks über das menschliche Wissen zu Subjekt und Welt. – Selbst wenn eine solche Anmerkung eher den Charakter einer Problemanzeige aufweist (als den einer Kritik), sollte doch deutlich geworden sein, daß die Diskussion weniger über das Verhältnis von Wissenschaft und Leben (wie sie Henrich führt), sondern vielmehr über das von verkürzter und wahrer Wissenschaft gehen sollte. Daß die moderne (philosophische) Wissenschaft so wenig zu den Fragen beizutragen vermag, um derentwillen sie einst entstanden ist, ist ihre *Schuld* und nicht lediglich Resultat einer im einzelnen vielleicht zu bedauernden, aber doch insgesamt unabänderlichen Entwicklung. Ohne ein neues Verständnis dessen, was Wissenschaft sein und wovon sie handeln sollte, ist diesem Problem nicht beizukommen. Anderenfalls wird es in der Tat wahrscheinlich, daß Überlegungen wie diejenigen, die Henrich fast sein ganzes akademisches Leben beschäftigt haben und um derentwillen er zu einem der bedeutendsten Nachkriegsphilosophen Deutschlands geworden ist, in der Philosophie und in den »Wissenschaften« zukünftig keinen Platz mehr finden und buchstäblich emigrieren müssen – entweder in Disziplinen, deren »Verwissenschaftlichung« noch nicht weit genug fortgeschritten ist (wie vielleicht die Theologie oder die Kunstwissenschaften), oder gleich in außerakademische Diskurse!

B) *Grundverhältnis und bewußtes Leben.* – Zwar gibt es zwischen den frühen Arbeiten Henrichs zum Selbstbewußtseinsproblem und seiner späteren »Metaphysik« der Subjektivität viele Kontinuitäten. Gleichwohl vollzog sich vor mehr als vierzig Jahren eine erhebliche Zäsur in seiner Theorieentwicklung. Ein Grund lag darin, daß es Henrich nicht gelungen war, die wissende Selbstbeziehung als

Eigenschaft eines einzelnen, individuellen Subjekts zu erfassen (Abschnitt 3.1). Dem Problem von Einzelnheit und Individualität des »Ich« hat Henrich noch in seiner letzten Buchveröffentlichung (*Das Ich, das viel besagt*, 2019)[101] viele Seiten gewidmet. Jedoch ist nach wie vor unklar, welche Eigenschaften die wissende Selbstbeziehung (das »Für sich«) aufweisen muß, um das Subjektsein eines *Individuums* begründen zu können. Diese Frage zu beantworten ist unter anderem auch wichtig für das Problem des Verhältnisses von individuellem und »absolutem Ich«, wie es in den Theorien des Deutschen Idealismus, v. a. Johann Gottlieb Fichtes, auftritt. Henrichs letztes Buch ist daher nicht umsonst eine Neuauflage seiner intensiven Auseinandersetzung mit Fichtes Philosophie des absoluten Ich und des damit verbundenen Wissens. – Ein anderes zentrales Resultat dieser »Zäsur« liegt darin, daß wissende Selbstbeziehung und Selbstbewußtsein nicht zu erklären und in ihrer Struktur letztlich auch nicht aufzuklären sind. Henrich hat aus diesem Resultat in der Folge weitreichende Schlüsse gezogen. Die Verbindung von Selbstbewußtseinstheorie und Theorie des »bewußten Lebens« ist dadurch entscheidend inspiriert worden. Vor allem Henrichs Position, daß das »bewußte Leben« von konfligierenden Tendenzen durchzogen ist, die sich auf Elemente der Verfassung von Selbstbewußtsein zurückführen lassen und die nur in »spekulativem Denken« einen Ausgleich und eine Integration erlangen können, basiert darauf (Abschnitt 3.2, II). Doch ist die Überzeugungskraft von Henrichs Argumentation nicht durchschlagend. Das Hauptproblem besteht zwischen dem konstitutiven Charakter des Grundverhältnisses für die menschliche Subjektivität einerseits und der Instabilität, Volatilität und Antithetik der menschlichen Selbstdeutungsversuche andererseits. Daß es solche miteinander in unauflöslichen Konflikten liegenden Deutungen von Welt und Mensch gibt und daß keine von ihnen das Selbstsein des Menschen hinreichend und dauerhaft zu orientieren vermag, muß dabei nicht bestritten werden. Auch nicht, daß sich damit besondere Herausforderungen für das menschliche Leben und seine Suche nach dem Lebenssinn stellen. Nur die Rückführung auf das Verhältnis von Subjektsein und Personsein schließt Probleme ein. Zum einen legt sie nahe, daß alle Lebens- und Weltdeutungen letztlich in zwei und nur zwei Gruppen, subjekt- und personzentrierte, einzuordnen sind. Zum anderen ist unverständlich, wie ein stabiles Selbstbewußtsein die Voraussetzung für instabile und konfliktreiche Lebensdeutungen darstellen kann. Die Rückführung auf deren Aspekte *erklärt* die Situation der Lebensdeutungen ja noch nicht. Henrich schreibt an einer Stelle in *Fluchtlinien* zum »bewußten Leben« (FL, 180)[102]: »Es muß darum als ein Prozeß des Hervorganges aus sich gedacht werden, aus dem das Grundverhältnis überhaupt erst ins Dasein kommt, – und das so, daß dieses Verhältnis zunächst in selbstgenügsamem Fungieren abgeschlossen ist, dann aber aus dem Überstieg über seine natürliche Welt zu seiner Selbstaufklärung und eigentlichen Freiheit gelangt.« Doch ist es gerade die Abruptheit, mit der das »Grundverhältnis« hier aus einem Zustand »selbstgenügsamen Fungierens« in einen Überstieg zur natürlichen Welt und zur Selbstaufklärung treten soll, die unverständlich ist. Ein Gegner dieser Argumentation könnte deshalb anführen, daß aus dem Grundverhältnis überhaupt keine Lebensdeutung folgt, d. h. daß es gegenüber solchen Deutungen indifferent ist. Selbst wenn bestehende Lebensdeutungen mit Rekurs auf Eigenschaften dieses Verhältnisses interpretiert werden können sollten, änderte das nichts daran, daß es selbst und seine Analyse keine hinreichenden Ressourcen für deren Auflösung oder Bestätigung liefern. Subjektsein wäre vielmehr wesentlich offen (nicht festgelegt) gegenüber den Verständnisformen des Lebens und der Welt, in denen es steht. Eine Aussicht auf einen auch nur relativen Ausgleich und eine auch nur relative Gesamtorientierung bestehen entweder gar nicht oder müssen auf andere Ressourcen gestützt werden, als sie die phänomenale und funktionale Analyse von Selbstbewußtsein und Subjektivität bieten können – auch dann, wenn sich diese mit weiterreichenden spekulativen Entwürfen verbinden lassen.

C) *Grund im Bewußtsein.* – Das Theorem des Grundes spielt schon vor der o. g. Zäsur eine entscheidende Rolle in Henrichs Philosophie. Doch mit der Einsicht der strukturellen Nicht-Analysierbarkeit von Selbstbewußtsein verändert sich der methodische Zugang dazu (Abschnitt 3.3). Während Henrich zuvor das Verfahren der »Faktorenanalyse« einsetzen konnte, welches – bei mancher Unklarheit darüber, was im einzelnen unter »Faktor« zu verstehen war – doch auf gewisse Merkmale und Elemente in der Verfaßtheit von Selbstbewußtsein abhob, die man sowohl von ihrem Zusammenhang als auch untereinander unterscheiden konnte und deren Beziehung sich studieren bzw. rekonstruieren ließ, war danach nur noch eine »Leistungsanalyse« möglich. Die entscheidende Differenz zwischen beiden Verfahren läßt sich als die von »innen« und »außen« charakterisieren: Die Faktorenanalyse beansprucht, das »Innere«, die Struktur von Selbstbewußtsein, darzulegen und zu erklären; die Funktionsanalyse kann nur noch das »Äußere«, die Erlebnisse und Wirkungen von Selbstbewußtsein, beschreiben. Das Theorem des Grundes zielte jedoch ursprünglich auf die strukturelle Analyse ab; ohne ein Verständnis der strukturellen Zusammenhänge, aus denen das Theorem gerechtfertigt werden kann, läßt es sich nicht mehr vertreten. Das ist nur dann weiterhin möglich, wenn man den Rückschluß von Leistungen des Selbstbewußtseins auf entsprechende strukturelle Faktoren *im* Selbstbewußtsein führen kann. Doch Henrichs Auffassung seit den frühen achtziger Jahren lautet, daß dies durch die theoretische Unauflösbarkeit von Selbstsein verhindert wird. Daß Henrich trotzdem am »Grund« festhält, ist daher eine starke und selbst spekulative Annahme. Sie mag aus dem Verständnis des Lebens und Erlebens heraus eine gewisse Plausibilität aufweisen (vgl. dazu oben Abschnitt 3.2, I), doch läßt sie sich nicht mehr so gut begründen wie zuvor aus der Faktorenanalyse, in der der Grund ein transzendental notwendiges Element der Einheit des Selbst war. Dies führt auch dazu, daß sich nach Henrich nunmehr nur noch wenig über die *Art* des Gründens bzw. Gegründetseins sagen läßt. – Für Henrichs Metaphysik bleibt der Grund jedoch zentral. Er ist in gewissem Sinne die Quelle für die Konzeptionen von Einheit und Ganzheit, die das Subjekt für seine Selbst- und Lebensdeutung ausbilden muß (Abschnitt 3.2, II+III, sowie Abschnitt 4). Ein Gegner von Henrichs Argumentation könnte deshalb erneut einwenden, daß Henrichs eigene Forschungsergebnisse zeigen, daß das Selbstbewußtsein nicht oder zu wenig »theoriefähig« ist, um derartige Überlegungen abzusichern – so wie sich dies zuvor schon für die Lebensdeutungen sagen ließ, die Henrich an die Verfassung des Selbstbewußtseins anschließt. Was das Selbstbewußtsein von sich weiß oder wissen kann, mag wohl von der Art sein, daß es seine Einheit, seinen Zusammenhang sowie seine Erhaltung nicht hinreichend zu erklären vermag – doch ist dies wiederum nicht ausreichend für die Annahme eines »Grundes« dieser Einheit, dieses Zusammenhangs und der Erhaltung des Selbst, welcher *jenseits* von Selbstbewußtsein – wenngleich in es hineinragend – bestehen soll.

D) *Entwürfe (Ideen).* – Für Dieter Henrich sind »Ideen«, »Extrapolationen« oder »Entwürfe« vom Ganzen und der Einheit des Wirklichen sowie der eigenen Subjektivität nicht bloße Hilfsbegriffe. Vielmehr sollen sie selbst das »Ziel« der philosophischen Theoriebildung sein, »das sich durch nichts übertreffen läßt« (DS, 274). Sie sind, um einen anderen Ausdruck Henrichs aufzugreifen, »Abschlußgedanken«.[103] Von ihnen aus soll sich das Verständnis des »bewußten Lebens« für das einzelne Subjekt aufschließen lassen. Doch soll dieses Verständnis nicht nur eine theoretische Einsicht oder Überlegung sein. Vielmehr soll sich danach (wie wir bereits oben in Abschnitt 1 erfahren haben) das bewußte Leben »führen« lassen. »Abschlußgedanken« sind solche also nur von ihrer Stellung im Zusammenhang theoretischen Überlegens her, nicht als bloßer Selbstzweck. Doch wenn dem so ist, dann ist Henrichs Charakterisierung nicht hinreichend oder zumindest mißverständlich. Solche Gedanken sind vielmehr auf ihre *Bewährung* im Leben des Einzelnen ausgerichtet; sie sind daher auch abhängig von den Erfahrungen und den spezifischen Situationen des einzelnen Lebens, aus denen sie heraus »entworfen« werden.[104] Dann sind nicht sie, sondern Form und Gang des Lebens, welche durch sie ermöglicht und aufgeklärt werden, das entscheidende Ziel der damit verbundenen philosophischen Anstrengungen. Sie sind damit mehr oder weniger auch Entwürfe für eine *Lebenspraxis* – nicht in dem Sinne, daß sie konkrete Lebensregeln, Verhaltensnormen oder Handlungsziele aufstellten, aber doch in demjenigen, daß sie über deren Wert und Ursprung Auskunft geben sowie helfen können, sich erfolgreich auf die das eigene Leben tragenden Werte und Zielsetzungen zu besinnen. Also sind sie auch in diesem Sinne »Entwürfe« – und nicht bloß darin, daß sie nicht definitiv begründet oder abgeleitet werden können, sondern lediglich einen »spekulativen« Ursprung aufweisen. – Auf diesen Sachverhalt hinzuweisen ist wichtig, da sonst schwer zu verstehen ist, woher solche Konzeptionen ihre *Geltung* beziehen können. Die Begriffe in Hegels Philosophie des Geistes etwa gewinnen ihre Überzeugungskraft – neben der wissenschaftlichen Form, durch die sie (angeblich) gewonnen sind – vor allem durch ihre die Leistungen des Geistes und die Sachverhalte der Wirklichkeit *erklärende Macht*. Doch Hegel beanspruchte nie explizit, daß seine Theoreme auch eine Bedeutung für die Lebensführung haben sollten. Das ist im Falle Henrichs anders. Und da sie bei Henrich als »Extrapolationen« der formalen Rechtfertigung entbehren und auch nicht, wie bei Hegel, nur retrospektiv gebraucht werden, können sie letztlich allein aus ihrer Beziehung zum Leben »in und aus Ideen« (FL, 121) ihre Rechtfertigung und ihren Anspruch auf Beachtung und Prüfung erlangen. Sonst wären sie tatsächlich nicht mehr als das Resultat geistreicher Übungen von Menschen, die sich zufällig für bestimmte metaphysische Fragen interessierten. Dieser Zusammenhang, den Henrich insgesamt zu zurückhaltend behandelt (vgl. aber FL, 22 f.), gibt seiner »Metaphysik« eine geradezu existentialistische Dimension. Darauf verweist nicht zuletzt auch, daß sie nach Henrich ihren Ursprung aus der Dynamik des menschlichen Selbstseins bezieht. *Wie* sie indessen ihre Aufgabe der Lebensorientierung erfüllen kann, bleibt bei Henrich – abgesehen von einzelnen literarischen Fallstudien und gewissen Überlegungen zum sittlichen Bewußtsein – überwiegend undeutlich.[105]

E) *Präreflexives Bewußtsein.* – Manche Autoren vertreten die Möglichkeit *anonymen* Selbstbewußtseins.[106] Auch Henrich schien für bestimmte Fälle früher eine solche Möglichkeit in Betracht zu ziehen (vgl. KE, 275). Anonymes Selbstbewußtsein kann dabei durchaus als egologisches Selbstbewußtsein verstanden werden, doch dies so, daß das Subjekt nicht weiß, daß *es selbst* das Erlebnis hat, das es hat. In solchen Fällen liegt zwar Selbstbewußtsein, aber nicht *wissende Selbstbeziehung* vor. Später hat Henrich gesehen, daß »sich« nicht aus anderen oder gar einfacheren Elementen aufgebaut werden kann. Vielmehr muß es im Selbstbewußtsein wie auch im Selbstwissen immer schon vorausgesetzt werden (Abschnitt 3.1). Das bedeutet für ein Erlebnis, welches nur durch anonymes Selbstbewußtsein begleitet wurde, daß es nicht möglich ist, daß das Subjekt *im nachhinein* erfahren (davon wissen) kann, dieses Erlebnis zu haben oder gehabt zu haben. Anderenfalls verstrickte sich die Erklärung eines solchen »im nachhinein« wieder in Zirkel (siehe dazu oben Abschnitt 2.2, I). Ganz abgesehen davon wäre es merkwürdig, daß ein Subjekt Erlebnisse haben sollte, die von ihm nicht »erlebt« werden (eine Situation, auf die diese These allerdings hinausläuft). Die phänomenal gegen solche Einwände öfters aufgebotenen Formen des Erlebens (etwa beim Erwachen, beim Austritt aus einer Bewußtlosigkeit usw.) sollten deshalb anders rekonstruiert werden, als dies von Theoretikern anonymen (Selbst-)Bewußtseins geschieht: In solchen Fällen sollte man so argumentieren, daß in derartigen Erlebnissen das erlebende Subjekt nicht *thematisch* wird (z. B. infolge der darin vorherrschenden Angst bzw. Panik oder einer vorübergehenden Einschränkung gewisser kognitiver Vermögen). Doch daß das Subjekt während des Erlebens nicht thematisch wird, heißt nicht, daß das Erleben anonym ist. Im Falle von anonymem Erleben wäre es nämlich nicht möglich, daß das Subjekt sich an dieses Erleben *erinnern* könnte – da es dafür während des Erlebens (bzw. *im* Erleben selbst) in irgendeiner Gestalt hätte präsent sein müssen. Diejenigen, die anonymes Selbstbewußtsein annehmen, berufen sich jedoch öfters auf derartige Erinnerungen, die belegen sollen, daß sie in einem bestimmten Sinne »ichlose« Erlebnisse hatten. – Henrichs Einsicht in die Unhintergehbarkeit der wissenden Selbstbeziehung ist sicher eines der überzeugendsten Resultate seiner Forschungen zum Selbstbewußtsein (siehe dazu auch die Tugendhat-Kritik in Abschnitt 3.4). Wie das Ich-Bewußtsein jeweils aussieht, mag durchaus eine offene Frage sein und sich nach Charakter des Erlebnisses oder nach Art des erlebenden Subjekts verschieden beantworten. Doch daß sich das »sich« der wissenden Selbstbeziehung erst im nachhinein dem Erlebnis hinzugesellen ließe oder daß es sich durch Rekurs auf andere Faktoren aufbauen bzw. durch sie sogar ersetzen ließe, dies zu behaupten ist nach Henrichs Forschungen nicht mehr möglich. Daher ist anonymes Selbstbewußtsein – sei es als Alternative zu oder als Vorstufe von wissender Selbstbeziehung – nicht möglich.

F) *Zum Schluß.* – Es ließen sich noch manche Fragen ansprechen, etwa Henrichs Schwierigkeit darin, die personale Gottesbeziehung zu erfassen, die den religiösen Glauben ganz wesentlich definiert und ihn von einem Leben aus Ideen deutlich unterscheidet (siehe dazu etwa FL, 121).[107] Doch dürften die bislang angesprochenen Themen bereits von besonderer, zentraler Bedeutung für das Gelingen und damit auch die Bewertung von Henrichs philosophischem »Projekt« sein, und sie dürften auf jeden Fall entweder weitere Aufklärung oder zumindest weitere Diskussion erfordern. Henrichs Forschungen sind darin von bleibendem Wert, daß sie ein großes Thema und eine große Tradition erneuern, indem sie sie zugleich auf eine moderne und die moderne Diskussion aufnehmende Weise diskutieren. Doch im Gegensatz zu vielen zeitgenössischen Selbstbewußtseinstheoretikern sowie manchen Interpreten des Ich-Gedankens in der Forschung zur klassischen deutschen Philosophie ist es Dieter Henrich von vorneherein gelungen, die Theorie des Selbstbewußtseins aus dem Ghetto einer bloßen bereichsphilosophischen Frage herauszuhalten und in der großen Perspektive zu behandeln, in der dies im klassischen Denken immer wieder geschehen war. Henrichs Philosophieren kann daher durchaus als ein moderner Beleg für Immanuel Kants berühmte Charakterisierung des »Weltbegriffs« der Philosophie gelten (*Kritik der reinen Vernunft*, B 866 f.). Dies ist sie auch darin, wie sie die Philosophie in den Fragen und Auseinandersetzungen um ein »richtiges« oder »gelingendes« Leben ins Spiel bringt. Die Differenziertheit, der Gedankenreichtum seiner Beiträge führen dabei in Problemdimensionen hinein und eröffnen Ausblicke, die häufig überraschen und zumeist eine eigene Bewegung des Denkens hervorrufen. In dieser Art, Philosophie zu treiben, entspricht Henrichs Denken einem seiner anderen großen Vorbilder und ist insofern mit einem gewissen Recht »platonisch« zu nennen.

Eine Meisterschaft hat Henrichs Denken zudem in der Fähigkeit gewonnen, die Komplexität von Problemen zu durchleuchten, die Ansätze, die dabei möglich sind, gegeneinander abzuwägen und Veränderungen an bestimmten Annahmen oder hinsichtlich bestimmter Lösungsansätze bis tief auf ihre Auswirkungen auf ganz andere Elemente einer Theorie oder einer Problemlösung zu durchdenken. Ganz unabhängig davon, ob der Leser sich für die Thematik der Subjektivität zu interessieren vermag, kann er doch das Werk Henrichs wie eine Fallstudie in der Entwicklung und ständigen Neuausrichtung von komplexen Theoriestrategien lesen. Allerdings liegt in dieser Meisterschaft auch ein gewisses Problem.

Henrichs Zug, einen Standpunkt einzunehmen, in dem die im Konflikt befindlichen Positionen und Tendenzen aus hoher Warte überblickt und von dort aus in eine überlegene Einheit integriert werden können, bezeichnet nicht nur ein theoretisches Ziel, sondern ist auch methodisches Programm (besonders deutlich in seinem hermeneutischen Ansatz der »Konstellationsforschung«). Es ist, als ob dieser Theoretiker mit vielen Bällen gleichzeitig zu jonglieren trachtete, ohne daß sie ihm entweder fortspringen oder zu Boden fallen. Je komplexer die Problematik wird und je mehr Perspektiven Henrich zu verbinden sucht, desto unbestimmter und desto vorsichtiger werden allerdings seine Erörterungen. Seine Texte sind deshalb, je später sie geschrieben wurden, desto mehr von einer Pluralität von Blickwinkeln und Ansätzen bestimmt. Ihre innere Einheit tritt zurück oder läßt sich nur schwer erkennen, jeder Absatz scheint eine neue Perspektive einzuleiten. Dazu kommt Henrichs Abneigung, eine feste Terminologie zu gebrauchen oder einen Text strukturell durchzukomponieren. Sosehr Henrich sich immer wieder und mit großer Geduld und Aufmerksamkeit den Stellungnahmen derjenigen gewidmet hat, die sich ernsthaft und wahrheitsorientiert mit seinen Überlegungen befaßten, so sehr bleibt bei manchem Leser der Eindruck zurück, daß seine eigenen Beiträge überwiegend Stationen eines großen, inneren Monologes sind.

Vielleicht mag es deswegen noch einmal angebracht sein, eine Position oder Einsicht *Hegels* anzusprechen. Hegel hat für sein eigenes Werk den Gedanken einer großen Synthese in Anspruch genommen, doch war er zugleich durchwegs der Auffassung, daß die Einsicht in ihre Wahrheit nicht dadurch zustande kommt, daß man einen überlegenen Standpunkt einnehmen könnte (wenngleich man einen solchen wohl anstreben wird), sondern dadurch, daß man im Konflikt eine Position anzunehmen und sie entweder durchzufechten oder an ihr zu scheitern vermag. Die Synthese ist insofern nur das *Resultat* solcher Konflikte und, gemäß dieser Überlegung, niemals Besitztum einer einzelnen Konfliktpartei. Auch wenn Dieter Henrich es eher vermieden hat, sich in solche Konflikte hineinziehen zu lassen, und immer den diskursiven Ausgleich suchte, wird seinem Werk unweigerlich dieses Schicksal zuteil werden. Die hier vorgelegte Einführung versteht sich dadurch, daß sie zur Schärfung des philosophischen Programms und der eingesetzten Theoriezüge beiträgt, als ein Hilfsmittel dafür, daß Henrichs Werk in einen solchen Konflikt auch weiterhin einzutreten vermag und dabei Mitstreiter, sei es pro oder contra, gewinnen kann. Denn ganz gleich, wie man zu seinen Lösungen steht – sie sind, und werden es auch in Zukunft bleiben, bedeutendes Denken!

Anhang

1. Notiz zur »Heidelberger Schule«

Daß die Bemühungen Dieter Henrichs und einiger seiner ehemaligen Studenten den Titel einer eigenen Schule erhielten, verdanken sie (wie so oft) einem ihrer Gegner, in diesem Fall Ernst Tugendhat. Er hat in *Selbstbewußtsein und Selbstbestimmung*[108] Dieter Henrich, Ulrich Pothast[109] und Konrad Cramer[110] zu einer solchen Schule gerechnet. Später kamen Manfred Frank, Gerhard Preyer, Jürgen Stolzenberg und andere ehemalige »Heidelberger« mit ihren Arbeiten hinzu. Insbesondere Manfred Frank hat in Studien und in Textsammlungen älterer und moderner Theorien der Subjektivität immer wieder nachdrücklich auf Henrichs Texte und die seiner Schüler hingewiesen.[111] Er hat auch vielfach Diskussionen über die Natur von Selbstbewußtsein mit jüngeren angelsächsischen Theoretikern geführt. Das Verdienst, die »Heidelberger Schule« in der englischsprachigen Welt bekannt gemacht zu haben, dürfte aber auch besonders Dan Zahavi mit seiner grundlegenden Studie *Self-Awareness and Alterity* gebühren.[112] Seit den 2000er Jahren werden die Arbeiten der Heidelberger Schule daher verstärkt im englischen Sprachraum diskutiert (von Tomis Kapitan, Kenneth Williford u. a.).[113] Kürzlich hat Stefan Lang deshalb in einer Reihe von Arbeiten die zeitgenössischen analytischen Theorien des Selbstbewußtseins vor dem Hintergrund der Einsichten der Heidelberger Schule geprüft und diskutiert.[114] Dieser und andere Autoren (wie z. B. Tobias Rosefeldt und Sebastian Rödl) führen das Gespräch fort, das schon Henrich auf vielfältige Weise mit den früheren analytischen Theoretikern des Selbstbewußtseins begonnen hatte.[115]

Zur neueren philosophischen Rezeption der Heidelberger Schule gehört schließlich auch eine kleine, aber aktive Prager Gemeinschaft von Philosophen, insbesondere Jan Kuneš[116] und Jindřich Karásek[117], die durch eigene Forschungen und Übersetzungen die Arbeiten von Dieter Henrich und der Heidelberger Schule in ihrem

Sprachkreis bekannt machen. Doch auch außerhalb der Philosophie sind diese Arbeiten fruchtbar geworden. So hat Andreas Heinz die darin diskutierten Fragen in mehreren Beiträgen für das Verständnis psychischer Krankheiten nutzbar zu machen versucht.[118] Und von der vielfältigen theologischen Rezeption der Heidelberger Schule (sowohl von evangelischer als auch von katholischer Seite) war bereits die Rede.[119] Diese wenigen Hinweise dürften schon ausreichen, um zu zeigen, daß Dieter Henrichs Werk und das seiner Schüler gerade in den letzten Jahrzehnten eine stetig ansteigende Aufmerksamkeit gewonnen haben. Man darf deshalb davon ausgehen, daß die Fruchtbarkeit der damit aufgeworfenen Fragen und der darin entwickelten Lösungen noch lange nicht erschöpft ist.

2. In Memoriam Dieter Henrich (5. Januar 1927 bis 17. Dezember 2022)

Der folgende Nachruf wurde im Januar 2023 für die Prager philosophische Zeitschrift Reflexe *verfaßt und dort in tschechischer Übersetzung (durch Jan Kuneš) abgedruckt.*[120] *Da er einiges zur Person und zum Werdegang Henrichs mitteilt und versucht, auch den Menschen und den Akademiker zu würdigen, sei er hier in der leicht überarbeiteten Originalfassung wiedergegeben.*

Wenige Tage vor Weihnachten 2022 ist Dieter Henrich, einer der bedeutendsten Nachkriegsphilosophen Deutschlands, gestorben. Weniger prominent als Jürgen Habermas, dessen Weggefährte er war, oder Hans-Georg Gadamer, dessen Schüler und Nachfolger in Heidelberg er wurde, war Henrich für die Entwicklung der Philosophie in Deutschland gleichwohl außerordentlich einflußreich und fruchtbar. Sein Wirken umfaßte maßgebliche systematische und interpretatorische Arbeiten, vielfältige Herausgebertätigkeit, Erschließung neuer Quellen für die Forschung, eine umfangreiche Vortrags- und Lehrtätigkeit im In- und Ausland (wobei vor allem seine jahrzehntelange Tätigkeit in den Vereinigten Staaten bedeutsam war), Mitarbeit in bedeutenden Forschungsinstitutionen und die Beteiligung an wichtigen öffentlichen Debatten. Er hat eine Reihe von akademischen Schülern in Deutschland und in der Welt hervorgebracht. Außerdem war er ein wichtiger Vermittler zwischen dem klassischen und dem modernen, analytischen Denken sowie zwischen der amerikanischen und der europäischen Philosophie.

Henrich wuchs in behüteten Verhältnissen in Marburg auf, doch war seine Kindheit von Schicksalsschlägen gezeichnet. Frühe und schwere Krankheit, der Tod des Vaters sowie eine Jugend, die durch den Nationalsozialismus und den Weltkrieg geprägt war, förderten seine Nachdenklichkeit und das Bedürfnis, sich im Leben zu orientieren. 1946 begann er seine Universitätsstudien, zuerst im Fach Ur- und Frühgeschichte. Er sollte auch später noch ein archäologisches Interesse bewahren, wenn auch vor allem an der Archäologie von Theorien und Diskursen. 1950 schloß Henrich dann das Studium der Philosophie, Soziologie und Geschichte mit einer Dissertation über die Einheit von Max Webers Wissenschaftslehre bei Hans-

Georg Gadamer ab. Webers Erkenntnistheorie und seine Weise der Begriffsbildung haben in Henrichs eigener Methodik Spuren hinterlassen.

Henrichs Begabung war auch früh von anderen bemerkt worden, etwa von Adorno und Heidegger. Doch er entzog sich ihrem Werben und blieb der offenen und dialogischen Atmosphäre des Gadamerschen Lehrstuhls treu. Die Jahre nach der Promotion galten einem intensiven Studium der neuzeitlichen Philosophie und waren bereits damals von der Selbstbewußtseinsproblematik geprägt. Henrich entwickelte in dieser Zeit eine Konzeption, die den engen Zusammenhang der Subjektphilosophie mit der Ethik und der Ideenlehre aufzuzeigen trachtete. Vor allem das Werk Immanuel Kants wurde dabei einflußreich und zu einem Hauptorientierungspunkt in Henrichs Denken bis in die letzten Jahre seines Lebens und Wirkens. In seiner Habilitationsschrift (1955) unternahm er einen ersten Versuch, das sittliche Bewußtsein wie bei Kant aus der Struktur der Subjektivität zu erklären. Doch weil er mit diesem Versuch noch nicht zufrieden war, hat er diese Arbeit niemals veröffentlicht, sondern gab statt dessen eine andere Studie heraus, ein Buch, das die Geschichte des ontologischen Gottesbeweises im 17. und 18. Jahrhundert untersuchte. Diese bis heute maßgebliche Arbeit brachte ihm seine erste ordentliche Professur an der FU Berlin ein (1960). Doch schon 1965 kehrte er als Professor wieder nach Heidelberg zurück. In den folgenden Jahren entstand eine Reihe von klassischen Aufsätzen und Abhandlungen zu Kant und den Autoren des Deutschen Idealismus. Henrich wurde berühmt dafür, diese komplexen Texte in ihren systematischen Fragestellungen auszulegen und an die Diskurse modernen Philosophierens anzuschließen. Auch die Überlegenheit, mit der er die Grenzen der Konzeptionen von Kant, Fichte und Hegel aufzeigte, beeindruckten die damaligen Leser. So war es nicht überraschend, daß er Anfragen aus den Vereinigten Staaten erhielt. Zwar verließ er Heidelberg nicht, doch lehrte er von 1968 an für zwanzig Jahre zusätzlich als ständiger Gastprofessor in den USA, zuerst an der Columbia Universität in New York, später für viele Jahre in Harvard, wo Hilary Putnam und andere analytischen Philosophen seine Hörer waren, während er selbst noch bei Willard Van Orman Quine studierte. Wenngleich Henrich nie zum analytischen Philosophen wurde, half er doch, deren Texte und Thesen in Deutschland bekannt zu machen. Er hatte auch erheblichen Einfluß auf die Entwicklung analytischer Theorien des Selbstbewußtseins und der Subjektivität, z. B. bei Autoren wie Roderick Chisholm oder Hector-Neri Castañeda und später Donald Davidson. Viele dieser Autoren wurden seine persönlichen Freunde.

Henrich suchte während des Kalten Krieges auch die Gemeinschaft mit den Philosophen jenseits des Eisernen Vorhangs. So organisierte er 1974 einen Hegel-Kongreß in Moskau und setzte sich dafür ein, daß Arsenij Gulygas Kant-Biographie aus dem Russischen ins Deutsche übersetzt wurde. Ebenso interessierte ihn das Gespräch mit den asiatischen Autoren. Er lehrte 1979 als Gastprofessor in Tokio und beschäftigte sich damals unter anderem mit dem Denken japanischer Philosophen.

Sein Übergang an die Ludwig-Maximilians-Universität in München (1981) markierte in gewisser Hinsicht eine Zäsur in Henrichs Wirken. Seine umfangreichen Studien zur Problematik des Selbstbewußtseins und dessen, was die klassische deutsche Philosophie hierzu bereits erarbeitet hatte, hatten ihn darüber belehrt, daß man das Problem nicht so isoliert behandeln durfte, wie es die Phänomenologie oder die analytische Philosophie bis dahin getan hatten. Henrich sah vielmehr, daß es in den Kontext des ganzen »bewußten Lebens« eines Menschen gehörte und daß dieses Leben und des Menschen Versuch, sich in diesem Leben und seiner Welt zu orientieren, wichtige Aufschlüsse über die Natur von Selbstbewußtsein enthielten. Doch das Streben des Menschen, sich in Leben und Welt zu orientieren, mußte letztlich zur Metaphysik führen. So wurde die Metaphysik ein notwendiges Element in der Beschäftigung mit dem Problem des menschlichen Selbst. Henrich sah ferner, daß die Einsicht in diesen Zusammenhang einer der wichtigen Auslöser der Entwicklung der klassischen deutschen Philosophie in der Zeit zwischen dem Erscheinen von Immanuel Kants *Kritik der reinen Vernunft* und dem Tode Hegels war. Großzügige Forschungsmittel, die ihm die Bayerische Landesregierung zur Verfügung stellte, erlaubten es Henrich, die frühe Entwicklung der klassischen deutschen Philosophie zu untersuchen, und dies in einer Genauigkeit und systematischen Tiefe, wie das zuvor noch keinem gelungen war. Auch die Bedeutung des Werkes des Poeten Friedrich Hölderlin, eines

Mitstudenten und Freundes von Schelling und Hegel in Tübingen, für diese Entwicklung arbeitete Henrich in dieser Zeit besonders gründlich heraus. So wurden die achtziger und neunziger Jahre, Henrichs »Münchener« Zeit, zu einer Epoche der Wiederkehr der Metaphysik und der Geschichte der Philosophie. Dies führte zu Debatten mit Jürgen Habermas und anderen, welche darin eine Abkehr von modernen Paradigmen der Wissenschaft vermuteten. Doch konnte Henrich die Entwicklungsrichtung seiner Forschung und die Bedeutsamkeit solcher Fragen stets wohl begründen.

Der umfassende Horizont, in dem Henrich die Selbstbewußtseinsproblematik zu verstehen lernte, ermutigte ihn auch, seine Einsichten in anderen als nur den philosophischen Diskursen einzubringen. Er schrieb in den letzten Jahrzehnten über Themen wie die deutsche Einheit, die Ethik im nuklearen Frieden, Kunst und Kunsthistorik, Dichter wie Franz Kafka oder Samuel Beckett, und führte seit den frühen 2000er Jahren einen Dialog mit evangelischen und katholischen Theologen über das Verhältnis von Gottesgedanke und Selbstbewußtsein. Neben vielen Preisen, Ehrendoktorwürden, Berufungen auf Professuren im In- und Ausland und Mitgliedschaften in in- und ausländischen Akademien und wissenschaftlichen Gesellschaften konnte Henrich es auch erleben, daß er mit seinen Arbeiten eine eigene Schule der Forschungen zum Selbstbewußtsein begründet hatte, zu der zuerst ehemalige Studenten wie Konrad Cramer, Manfred Frank, Ulrich Pothast oder Jürgen Stolzenberg gehörten, später aber auch deren Studenten, so daß diese Schule seit mehr als fünfzig Jahren besteht und sowohl in den Vereinigten Staaten als auch in anderen Ländern Anhänger und Diskussionspartner besitzt. Henrichs geistige Neugier, seine große Disziplin und sein hohes Verantwortungsbewußtsein, doch ebenso seine unerschöpfliche Kreativität haben ihn schließlich bis in die letzten Lebensjahre ausgezeichnet. Noch in seinen Neunzigern hat er mehrere wichtige Bücher und Aufsätze veröffentlicht, dabei die Themen, die ihn seit Jahrzehnten begleiteten, immer weiter entwikkelnd und neu überdenkend.

Wer Dieter Henrich persönlich kannte, konnte verschiedene Seiten an ihm erleben. Der junge Henrich, so haben es die älteren seiner Studenten berichtet, hat in seinen Seminaren zuweilen auf eine Weise doziert, daß man schon nach wenigen Minuten aufhörte zu verstehen, wovon er eigentlich handelte. Andererseits muß Henrich ein zugewandter Kollege gewesen sein, der jüngere Wissenschaftler förderte, sich für die Nöte und Fragen der Studenten interessierte und eine lebhafte und intensive geistige Gemeinschaft mit Philosophen, Kollegen aus anderen Disziplinen und Künstlern pflegte. Seine geistige Präsenz, die Fähigkeit, sofort den springenden Punkt einer Diskussion oder eines Argumentes zu entdecken, und die Mühelosigkeit, mit der er über die ganze philosophische und kulturelle Tradition verfügte, waren verblüffend. Er hatte wohl auch das Genie zur Freundschaft, doch Voraussetzung dafür waren auf der Seite des Gegenübers erhebliche menschliche oder geistige Vorzüge. Wenn sich aber jemand ernsthaft für die Sachthemen und seine eigenen Thesen dazu interessierte, befaßte sich Henrich geduldig und aufmerksam mit dessen Anfragen, selbst wenn sie von einfachen Studenten kamen. Sein Prinzip war Fordern und Fördern.

Henrich hoffte, daß der Philosophie wieder die Stellung zukommen könnte, die sie in früheren Zeiten einmal besessen hatte. Er litt darunter, daß Materialismus, Funktionalismus und Szientifismus sich verbreiteten und daß die Fähigkeit, das Leben denkend zu erfassen und mit Wachheit zu leben, sich verminderte. Insbesondere der deutschen Philosophie hielt er vor, daß sich ihr Horizont ängstlich auf Spezialthemen und die Imitation angelsächsischen Denkens verengte. In seinem wissenschaftlichen Werk versuchte er, die Fülle der Gesichtspunkte auf ein Thema zu berücksichtigen. Daher behandelte er Probleme selten isoliert, sondern meistens in einem umfassenderen Kontext. Allerdings sorgte dies dafür, daß seine Erörterungen häufig sehr abstrakt und voller subtiler Unterscheidungen waren, was es selbst erfahrenen Lesern erschwerte, sie zu durchschauen. In späterer Zeit dagegen gewannen manche seiner Texte eine fast epische Breite, welche aber ihrer Rezeption auch nicht immer förderlich war.

Neben seinen Forschungen zur Philosophie der Neuzeit, vor allem der klassischen deutschen Philosophie, sowie seiner Neubegründung der Theorie der Subjektivität ist Henrich auch in methodischer Hinsicht weiterführend gewesen. Mit seinen Analysen zur Frühgeschichte des Deutschen Idealismus entwickelte er eine besondere Methodik, die Debatten und Diskussionen, in denen die Texte jener Zeit entstanden waren, zu rekonstruieren und für die gegenwärtige Rezeption fruchtbar werden zu lassen. Diese Methodik, die er »Konstellationsforschung« nannte, ist strenggenommen eine Weiterführung des von ihm zuvor betriebenen Verfahrens der argumentativen Rekonstruktion einzelner Positionen. Die Konstellationsforschung begreift die Texte und wissenschaftlichen Quellen als Beiträge eines sachlichen Diskurses, welchen kein einzelner Beitrag vollständig auszuschöpfen vermag. Alle zusammen aber liefern eine umfassende Analyse des zugrundeliegenden Themas. Ihre Deutung kann daher nicht nur texthermeneutisch und rezeptionsgeschichtlich sein, sondern muß selbst von einem Verständnis der darin verhandelten Fragen aus geschehen. »Konstellationen« waren für Henrich mithin Sachbeziehungen, keine bloßen Textbeziehungen, und mußten deshalb auch von einem Sachgesichtspunkt aus verstanden werden. Dieser Ansatz, der im einzelnen durchaus Kritik auslöste, hat doch fruchtbar in den geistesgeschichtlichen Forschungen der letzten Jahrzehnte gewirkt. In ihm haben sich auch gewisse Elemente der (frühen) Gadamerschen Hermeneutik erhalten. Henrich sah seine eigenen philosophiehistorischen Forschungen zur Frühgeschichte des Deutschen Idealismus als Exempla für diesen Ansatz an.

Mit Dieter Henrich ist schließlich auch einer der letzten Repräsentanten eines klassischen Gelehrtentypus gestorben, der an der deutschen Universität des 19. und frühen 20. Jahrhunderts weit verbreitet war. Tiefes, durchdringendes Verständnis seines Forschungsgebietes verband sich bei ihm mit einem weiten Bildungshorizont, ein unendlicher Fleiß mit reichen und vielfältigen gesellschaftlichen Beziehungen. Sein Auftreten als Forscher und Lehrer war nicht, wie in der akademischen Welt öfters zu erleben, durch Pedanterie oder geistige Enge geprägt. Henrich war nicht nur ein Denker des Weltbegriffs der Philosophie, sondern war zugleich ein Welt*bürger* der Philosophie. Damit hat er sich nicht nur in der Philosophie und bei Kollegen in vielen Ländern, sondern auch und gerade in seinem eigenen Land große Verdienste erworben. Sein Werk verdient überall dort, wo der »Geist der Gründlichkeit« (Immanuel Kant) noch geschätzt wird, fortwährende Rezeption. Henrichs Tod ist deshalb, wie der Tod mancher seiner philosophischen Zeitgenossen in den letzten Jahren, ein weit über sein Heimatland hinausreichendes Ereignis.

Anmerkungen

[1] Dieter Henrich: *Ins Denken ziehen. Eine philosophische Autobiographie.* Im Gespräch mit Matthias Bormuth und Ulrich von Bülow. München: Beck 2021. Vgl. ferner die Audio-CD: »Von sich selbst wissen. Dieter Henrich erzählt über Erinnerung und Dankbarkeit«. Wyk auf Föhr: Supposé 2020. Außerdem: D. Henrich: *Sterbliche Gedanken. Der Philosoph Dieter Henrich im Gespräch mit Alexandru Bulucz.* Frankfurt a. M.: Edition Faust 2019. Henrich hat darüber hinaus in einer Reihe von Interviews, etwa für die *Deutsche Zeitschrift für Philosophie* oder für die *Zeitschrift für Ideengeschichte*, Aspekte seiner (philosophischen) Biographie vertieft. Weiteren Aufschluß ergeben manche Texte, die in dem Band: Dieter Henrich: *Die Philosophie im Prozeß der Kultur.* Frankfurt a. M.: Suhrkamp 2006, abgedruckt sind.

[2] Die Beiträge dieses Kolloquiums sind mittlerweile veröffentlicht in: Manfred Frank, Jan Kuneš (Hrsg.): *Selbstbewusstsein. Dieter Henrich und die Heidelberger Schule.* Stuttgart: Metzler 2022. Auf weitere, für das Studium der Selbstbewußtseinstheorie von Henrich wertvolle Sekundärliteratur wird im folgenden in den Anmerkungen (Fußnoten) eingegangen. – Es ist im übrigen darauf geachtet worden, Dieter Henrich selbst mit aussagekräftigen Zitaten zu Wort kommen zu lassen. Allerdings wurde darauf verzichtet, die Orthographie dieser Zitate anzugleichen. Die Hervorhebungen innerhalb der Zitate stammen, soweit nicht anders angegeben, von Henrich.

[3] Holger Gutschmidt: »Die frühe Selbstbewusstseinstheorie Dieter Henrichs. Mit einem Ausblick auf die weitere Entwicklung«, in: Manfred Frank, Jan Kuneš (Hrsg.): *Selbstbewusstsein* (Anm. 2), S. 21–42. (Ich danke *Springer Nature* für die Abdruckgenehmigung der genannten Seiten meines Beitrages.)

[4] Vgl. dazu etwa »Subjektivität und Metaphysik. Dieter Henrich interviewt von Andrea Marlen Esser und Hans-Peter Krüger«, in: *Deutsche Zeitschrift für Philosophie* 65 (2017), S. 302–336, hier: S. 303 f.; D. Henrich: *Ins Denken ziehen* (Anm. 1), S. 213 und S. 216 ff.

[5] In: »Subjektivität und Metaphysik« (Anm. 4), S. 305. – Henrich hat jüngst noch einmal eine zusammenfassende Betrachtung des Ertrages der Auseinandersetzung mit diesen Autoren der »modernen Philosophie« vorgelegt: »Die rätselvolle Selbstbeziehung. Bilanz klassischer Theorien der Subjektivität«. In: M. Frank, J. Kuneš (Hrsg.): *Selbstbewusstsein* (Anm. 2), S. 491–524.

[6] D. Henrich: *Ins Denken ziehen* (Anm. 1), S. 13 f., S. 17 ff.

[7] »Subjektivität und Metaphysik« (Anm. 4), S. 303.

[8] Ebd.

[9] In: D. Henrich: *Die Philosophie im Prozeß der Kultur* (Anm. 1), S. 11–54.

[10] A. a. O., S. 12 f. Vergleiche dazu folgende Charakterisierung (S. 13): »Zum einen ist Philosophie Reflexion auf die Grundlagen der Erkenntnis, woraus folgt, daß in ihr die letzte Instanz für jede Kritik von überzogenen Erkenntnisansprüchen gelegen ist. Zum anderen ist Philosophie Verständigung über die Situation des Menschen als Vernunftwesen vor dem Unbegreifbaren. Da der Mensch sein Leben zu führen hat und ihm deshalb eine Ausrichtung geben muß, ist die Verständigung über seine Situation gar nicht abzuscheiden vom Erwägen und Abwägen von Lebensperspektiven, die ein Gebiet jenseits des wissenschaftlich Erweisbaren in den Blick bringen. Deshalb ist ein Philosoph im geläufigen Gebrauchssinn des Wortes derjenige, der eine solche Lebensperspektive zu erschließen und zu begründen weiß, die er möglichst auch selbst vorleben sollte. Die meisten bedeutenden Philosophen in der Geschichte der Disziplin haben zumindest mit dem Gesamtaufbau ihrer Lehre auch dieser Erwartung entsprochen. Insofern die Philosophie Grenzverwahrerin der Rationalität ist, wird sie also auf Grundlegungswissen und auf Lebensorientierung ausgerichtet sein – und zwar in einem Gang, nicht etwa als voneinander abgeschiedene Fachdisziplinen in so etwas wie einem Fachverband.« Zum Versuch der Professionalisierung bzw. »Verwissenschaftlichung« der Philosophie im 20. Jahrhundert und seinem Scheitern vgl. a. a. O., S. 17–19. Vgl. zum Ganzen auch den Abschnitt I.1 von »Grund und Gang spekulativen Denkens« (1987), in: Dieter Henrich: *Bewußtes Leben. Untersuchungen zum Verhältnis von Subjektivität und Metaphysik*. Stuttgart: Reclam 1999, S. 85–138, speziell S. 85–91.

[11] Vgl. a. a. O., S. 20: »Produktive Wendungen im philosophischen Denken werden von Bedingungen und auch von Wandlungen im kulturellen Bereich begünstigt. [...] [F]ür keine philosophische Konzeption kann ein zwingender und abschließender Beweis ihrer Richtigkeit geführt werden.« Vgl. zum ersten Punkt die weiteren Ausführungen Henrichs auf S. 23–31; vgl. zum letzten Punkt, wonach Beweisbarkeit kein zwingendes Kriterium für rationales Argumentieren in der Philosophie ist: »Warum Metaphysik?«, in: D. Henrich: *Bewußtes Leben* (Anm. 10), S. 74–84, speziell S. 75–77.

[12] Vgl. hierzu besonders den Abschnitt »Denken und Forschen. Begriffs- und Ortsbestimmungen der Rationalität«, in: Dieter Henrich: *Fluchtlinien. Philosophische Essays*. Frankfurt a. M. 1982, S. 65–99. Henrichs Analyse hat auch Auswirkungen auf den Wissenschaftsbegriff. Henrich schreibt hierzu (S. 70): »Die Orientierung von Wissenschaft auf Forschung ist gleichbedeutend damit, daß die Wissenschaft eine ihrer ältesten Voraussetzungen preisgegeben hat: Das Ideal einer letzten und ganzen Erkenntnis, die aus reiner Kontemplation hervorgeht, und mit ihr zugleich die Idee eines unerschütterlichen Fundaments, das allem Wissen seine Festigkeit gibt. [...] Wo [...] Forschung in den Begriff von Wissenschaft eingeht, ist alles Wissen, das andere Gründe als die hat, Ergebnis methodischer Suche zu sein, dementiert und diskreditiert. Kein Wissen gehört mehr der Wissenschaft an, das seiner Verfassung nach nicht

als das Resultat eines forschenden Herausfindens zu definieren ist.« Siehe zu Henrichs Definition der Philosophie ferner unten Abschnitt 3.4, III.

13 Zum Theorem, daß die Vernunft selbst eine Quelle von Täuschungen im Versuch der Lebensorientierung sein kann, vgl. D. Henrich: *Fluchtlinien* (Anm. 12), S. 47–52.

14 Ähnlich kann Henrich im Zusammenhang der Erörterung von Kants Ethik vom Bewußtsein des Moralgesetzes als »sittlicher *Einsicht*« und von deren »Wahrheit« sprechen. Siehe Dieter Henrich: »Der Begriff der sittlichen Einsicht und Kants Lehre vom Faktum der Vernunft«, in: Dieter Henrich, Walter Schulz, Karl Heinz Volkmann-Schluck (Hrsg.): *Die Gegenwart der Griechen im neueren Denken. Festschrift für Hans Georg Gadamer zum 60. Geburtstag.* Tübingen: Mohr (Siebeck) 1960, S. 77–115, etwa S. 98f. Zu diesem Wahrheitsbegriff schreibt Henrich in *Fluchtlinien* (Anm. 12), S. 31: »›Wahrheit‹ heißt hier nicht wissenschaftlich gesicherte Erkenntnis. Für wahr erkennt der Mensch an, was die umfassendste Evidenz hat und die am meisten einleuchtende Perspektive eröffnet. Und dies ist nicht eine Wahrheit ›als ob‹, also unter dem Vorbehalt, daß man nur so denken müsse, sondern im wirklichen Bewußtseinsleben die stärkste Affirmation, zu der ein Mensch überhaupt imstande ist. In diesem Sinn sind gewiß die großen Lebensdeutungen wahr gewesen. In zumindest vergleichbarem Sinn kann auch das materialistische Gegenkonzept der Moderne Wahrheit haben, obgleich es alle Lebensdeutung als solche in die Unwahrheit verweist.«

15 D. Henrich: »Bewußtes Leben«, in: ders.: *Bewußtes Leben* (Anm. 10), S. 11–48, hier: S. 43f. Inwiefern Lebensdeutungen als »Fiktionen« bezeichnet werden können, dazu vgl. a. a. O., S. 41–43.

16 Für die in diesem Kapitel am häufigsten zitierten Henrichschen Texte gelten, um den Anmerkungsapparat zu entlasten, folgende Abkürzungen: FuE = »Fichtes ursprüngliche Einsicht«, zuerst veröffentlicht in: Dieter Henrich, Hans Wagner (Hrsg.): *Subjektivität und Metaphysik. Festschrift für Wolfgang Cramer.* Frankfurt a. M.: Vittorio Klostermann 1966 (hier zitiert nach dem Wiederabdruck in: Dieter Henrich: *Das Ich, das viel besagt. Fichtes Einsicht nachdenken.* Frankfurt a. M.: Vittorio Klostermann 2019, S. 1–49 – hinter dem Schrägstrich ist zudem jeweils die Seitenzahl der Erstveröffentlichung angegeben); KE = »Selbstbewußtsein – Kritische Einleitung in eine Theorie«, in: Rüdiger Bubner, Konrad Cramer, Reiner Wiehl (Hrsg.): *Hermeneutik und Dialektik. Aufsätze I* (Festschrift für Hans-Georg Gadamer). Tübingen: J. C. B. Mohr (Paul Siebeck) 1970, S. 257–284; SB = »Selbstsein und Bewußtsein«, Vortrag Hamburg 1971, ursprünglich unveröffentlicht, 19 Seiten inklusive Einleitung von 2007 (hier zitiert nach folgender Internetressource: *e-Journal. Philosophie der Psychologie*, http://www.phps.at/texte/HenrichD1.pdf; Zugriff am 13. Februar 2024). – Vgl. als nützliche Übersichten zu Henrichs Selbstbewußtseinstheorie und ihrer Entwicklung auch: Gunnar Hindrichs: »Metaphysik und Subjektivität«, in: *Philosophische Rundschau* 48 (2001), S. 1–27;

Ulrich Barth: »›Letzte Gedanken‹. Ihr epistemischer Status in Religion und Philosophie«, in: Dietrich Korsch, Jörg Dierken (Hrsg.): *Subjektivität im Kontext. Erkundungen im Gespräch mit Dieter Henrich.* Tübingen: Mohr Siebeck 2004, S. 187–210, besonders Abschnitt 1; Dieter Freundlieb: *Dieter Henrich and Contemporary Philosophy. The return to subjectivity.* Aldershot: Ashgate 2003, S. 33–124. Insbesondere das Buch von Freundlieb ist eine gründliche und empfehlenswerte Übersicht über Henrichs Denken sowie ein Versuch, es in den Kontext gegenwärtigen Philosophierens einzuordnen. Allerdings ist es nun schon 20 Jahre alt. Zudem ist es – wiewohl von einem Deutschen – auf Englisch verfaßt worden, was seine Rezeption hierzulande erschwert hat. Zur späteren Theorieentwicklung Henrichs (die hier in den Abschnitten 3 und 4 behandelt wird) vergleiche man neuerdings auch den instruktiven Aufsatz von Jan Kuneš: »Rückgang in den Grund. Zu späteren Veröffentlichungen Dieter Henrichs über das Selbstbewusstsein«, in: M. Frank, J. Kuneš (Hrsg.): *Selbstbewusstsein* (Anm. 2), S. 43–66.

[17] Vgl. zur Fichte-Deutung auch Henrichs zur selben Zeit entstandenen Aufsatz »Fichtes Ich«, in: ders.: *Selbstverhältnisse. Gedanken und Auslegungen zu den Grundlagen der klassischen deutschen Philosophie.* Stuttgart: Reclam 1993, S. 57–82. – Eine ausführliche Darstellung von Henrichs Argumentation in FuE findet sich bei D. Freundlieb: *Dieter Henrich and Contemporary Philosophy* (Anm. 16), S. 42–49. Auch Manfred Frank hat sich immer wieder mit Henrichs Thesen aus diesem Text befaßt, vgl. etwa Manfred Frank: *Selbstbewußtsein und Selbsterkenntnis. Essays zur analytischen Philosophie der Subjektivität.* Stuttgart: Reclam 1991, S. 160 ff.; vgl. zum Aufsatz von 1966 und dem reflexionslogischen Modell des Selbstbewußtseins neuerdings auch ders.: *Präreflexives Selbstbewußtsein. Vier Vorlesungen.* Stuttgart: Reclam 2015, S. 27–40. Henrich hat zu seinem Aufsatz (FuE) und seiner ganzen Fichte-Interpretation zuletzt noch einmal selbst detailliert Stellung genommen in *Das Ich, das viel besagt* (Anm. 16) sowie in »Die rätselvolle Selbstbeziehung« (Anm. 5), v. a. S. 508 ff. – Zur Frage schließlich, ob Henrichs Interpretation in FuE Fichte gegenüber angemessen ist, vgl. etwa Stefan Langs kritische Diskussion in: »Performatives Ich. Henrich über das Sich-Setzen des Ich in Fichtes ›Grundlage der gesamten Wissenschaftslehre‹«, in: M. Frank, J. Kuneš (Hrsg.): *Selbstbewusstsein* (Anm. 2), S. 245–266.

[18] *Grundlage der gesammten Wissenschaftslehre* (1794/95), § 1 (*Johann Gottlieb Fichte-Gesamtausgabe der Bayerischen Akademie der Wissenschaften* [= FGA]. Hrsg. durch Reinhard Lauth u. a. Stuttgart-Bad Cannstatt: Frommann-Holzboog 1962 ff., Bd. I,2, S. 260 f.).

[19] *Neue Darstellung der Wissenschaftslehre* (1797), Erstes Kapitel, Abschnitt II [FGA I,4, S. 276].

[20] *Darstellung der Wissenschaftslehre* (1801), Erster Teil, § 9 [FGA II,6, S. 150]; vgl. zum Ich als »Auge« bereits *Wissenschaftslehre nova methodo* (Kollegnachschrift Krause 1798/99), § 4 [FGA IV,2, S. 48 f.].

[21] Henrich erwägt (FuE, 29–31/212–214), daß der *Relation* von Begriff und Anschauung selbst ein Wissenscharakter zugestanden wird. Die Relation wäre dann keines von beiden (oder sie wäre beides zusammen bzw. Begriff und Anschauung wären ihre bloßen »Momente«), sondern würde eine besondere Form der epistemischen Selbstbeziehung darstellen (»intellektuelle Anschauung«). Ein eigenes Wissenssubjekt gäbe es nach dieser Konzeption nicht, vielmehr wäre das Wissen sein eigenes Subjekt bzw. wäre es subjektloses Wissen. Doch selbst dieser Zusammenhang ließe sich nicht aus sich erklären, sondern müßte in einem davon unabhängig Bestehenden verankert werden.

[22] So auch Henrich selbst in: *Ins Denken ziehen* (Anm. 1), S. 210 f.

[23] Henrich schreibt an einer anderen Stelle zum Feld-Begriff des Bewußtseins (SB, 10): »Formal läßt sich [...] über das Bewußtsein als über ein artikuliertes Feld sprechen, wobei 1. ›Feld‹ meint, daß der Zusammenhang primär und aus Elementen nicht abzuleiten ist, 2. ›artikuliert‹, daß sich in ihm dennoch Teilbereiche auszeichnen, die Anlaß dazu geben können, sie wie selbständige Elemente vom Zusammenhang abzuheben.«

[24] So dem Sinne nach KE, 281. Der Ausdruck wird genauer definiert in SB, 8. Die drei Modelle von Selbstbewußtseinstheorie, die Henrich diskutiert, werden in SB, 6 genannt.

[25] Vgl. zu dieser Unterscheidung auch D. Henrich: *Fluchtlinien* (Anm. 12), S. 128 f.

[26] Vgl. zur frühen kritischen Auseinandersetzung Jürgen Habermas: *Theorie des kommunikativen Handelns. Erster Band.* Frankfurt a. M.: Suhrkamp 1987, S. 519 ff., besonders S. 527–529; ders.: *Nachmetaphysisches Denken. Philosophische Aufsätze.* Frankfurt a. M.: Suhrkamp 1989³, S. 272 ff.; Ernst Tugendhat: *Selbstbewußtsein und Selbstbestimmung. Sprachanalytische Interpretationen.* Frankfurt a. M.: Suhrkamp (1979) 2017⁹, S. 54 ff. Henrich hat beiden Kritikern geantwortet. Zu Habermasens Kritik sei am ehesten die Lektüre seiner in zwei *Merkur*-Heften erschienenen Replik empfohlen (»Was ist Metaphysik – was Moderne? Zwölf Thesen gegen Jürgen Habermas«, wiederabgedruckt in: Dieter Henrich: *Konzepte. Essays zur Philosophie in der Zeit.* Frankfurt a. M.: Suhrkamp 1987 (2015²), S. 11–42). Siehe zur Auseinandersetzung mit Jürgen Habermas auch D. Freundlieb: *Dieter Henrich and Contemporary Philosophy* (Anm. 16), S. 70 ff. Auch auf die Kritik von Ernst Tugend hat Henrich reagiert, und zwar mit einer ausführlichen Widerlegung in einem Festschriftbeitrag. Auf diese sei hier unten (Abschnitt 3.4) genauer eingegangen.

[27] Dieter Henrich: »Über die Einheit der Subjektivität«. In: *Philosophische Rundschau* 3 (1955), S. 28–69. Vgl. dazu auch den späten »Rückblick« auf diesen Text von 2017: »Endlichkeit des Subjekts. Im Rückblick auf ›Über die Einheit der Subjektivität‹«. Ursprünglich chinesisch in: *Weltphilosophie* 2017 (2), S. 43–50; seit kurzem auch auf Deutsch einsehbar als Internetressource unter: *e-Journal. Philosophie der Psychologie*, http://www.phps.at/texte/HenrichD2.pdf (Manuskript von 14 Seiten; Zugriff am 13. Februar 2024).

[28] Dieter Henrich: *Sein oder Nichts. Erkundungen um Samuel Beckett und Hölderlin.* München: C. H. Beck 2016, S. 190–200. Auf diese Ausgabe beziehen sich im folgenden die Seitenangaben der Zitate.

[29] Dazu ist, worauf Henrich zu Recht hinweist, auch das Protokoll einer Diskussion über »Conscience de soi et conaissance de soi« einzusehen, die auf Veranlassung Sartres in der französischen Gesellschaft für Philosophie am 2. Juni 1947 zu diesem Thema stattfand. Es ist wiederabgedruckt in: Manfred Frank (Hrsg.): *Selbstbewußtseinstheorien von Fichte bis Sartre.* Frankfurt a. M.: Suhrkamp 1993, S. 367–411.

[30] Vgl. hierzu: D. Henrich: *Sein oder Nichts* (Anm. 28), z. B. S. 402–410. – »(Das) Sein« ist für Henrich ein Gedanke, der das Ganze ausdrückt, und zwar so, daß das Subjekt, das diesen Gedanken denkt und sich von ihm bestimmt weiß, sich als ein im Ganzen aufgehobener und geborgener Teil versteht. Es ist der Gedanke einer sinnhaften Ordnung, in die das eigene Leben einbezogen ist und mit der es übereinstimmt. »(Das) Nichts« ist demgegenüber der Gedanke von einem Ganzen, aus dem derjenige, der diesen Gedanken denkt, herausfällt und dem er und es ihm fremd erscheinen. Er fühlt sich vom Ganzen verlassen, von ihm vielleicht sogar ausgestoßen oder zumindest in einer gleichgültigen Beziehung gegen es. (Dies kann u. U., wie im Existentialismus, auch als ein Zustand des »Befreitseins«, d. h. als etwas Positives, erlebt werden.) Vgl. zum Thema auch Dieter Henrich: *Denken und Selbstsein. Vorlesungen über Subjektivität.* Frankfurt 2016 (2007), S. 69 ff.

[31] Allerdings fragt es sich, weshalb Henrich sich ausgerechnet auf Beckett stützt, dessen Werk kaum direkte Bezüge zur Subjektivitätsthematik aufweist. Gottfried Benn hingegen hat sich immer wieder mit dem menschlichen »Ich« auseinandergesetzt und ist zu einer ähnlichen Position gelangt wie später Henrich: Ich ist Bedingtes, Abhängiges, das zurückgeht auf Früheres, begrifflich kaum zu Erfassendes. Die Dunkelheit dieses Verhältnisses, seine Unbegreiflichkeit und das damit verbundene Empfinden des Ausgeliefertseins des menschlichen Subjekts kann in Zeiten der Umwälzung und der Aufhebung traditioneller Ordnungen und Werte zum Nihilismus und damit zur Verneinung des Wirklichen führen. Man betrachte etwa folgende Bemerkung aus »Zur Problematik des Dichterischen« (1930): »Das Ich ist eine späte Stimmung der Natur und sogar eine flüchtige, Innen und Außen erst spät geschieden und für gewisse selten kontrollierte Schichten noch nicht einmal exakt […] Das Ich gehört nicht zu den überwältigend klaren und primären Tatsachen, mit denen die Menschlichkeit begann, es gehört zu den bedingten Tatsächlichkeiten, die Geschichte haben, es tritt hinzu, es tritt auf innerhalb eines Früheren, dessen Analyse fortführt von jeder Entwicklungsvorstellung […].« Zitiert nach Gottfried Benn: *Provoziertes Leben. Ausgewählte Prosa.* Berlin: Ullstein 1955, S. 78.

[32] Allerdings gilt es zu berücksichtigen, daß Henrich zu diesem Zeitpunkt noch glaubte, ein sich selbst voraussetzendes Modell von Selbstbewußtsein vermeiden zu können.

[33] Siehe D. Henrich: »Endlichkeit des Subjekts« (Anm. 27), S. 4.

[34] D. Henrich: »Über die Einheit der Subjektivität« (Anm. 27), S. 63.

[35] A. a. O., S. 63 f.

[36] A. a. O., S. 45.

[37] Ebd.

[38] Daher sind auch die transzendentalen Erkenntnisfunktionen nicht als wirkliche (Teil-)Kräfte zu verstehen, die gemeinsam das Erkenntnissubjekt hervorbringen, sondern nur als »Vermögen« im Sinne von »Möglichkeiten des Leistens«, mithin als bloße Funktionselemente (siehe a. a. O., S. 50).

[39] Vgl. hierzu etwa den 1970 erstmals vorgetragenen Text »Hegel und Hölderlin« (abgedruckt in: Dieter Henrich: *Hegel im Kontext*. Frankfurt a. M.: Suhrkamp 1971, S. 9–40). Henrich hat eine umfangreiche Interpretation von Hölderlins Denken, insbesondere des Fragmentes »Urteil und Sein«, das die These vom Grund des Bewußtseins aufstellt, mit seinem Buch *Der Grund im Bewußtsein. Untersuchungen zu Hölderlins Denken*. Stuttgart: Klett-Cotta 1993, vorgelegt, welches auch viele Elemente seiner eigenen Theorie des spekulativen Denkens enthält und im Zusammenhang mit Hölderlin diskutiert. Vgl. neuerdings auch: ders.: »Hölderlins philosophische Grundlehre. In der Begründung, in der Forschung, im Gedicht«, in: Thomas Grundmann et. al. (Hrsg.): *Anatomie der Subjektivität. Bewußtsein, Selbstbewußtsein und Selbstgefühl*. Frankfurt a. M.: Suhrkamp 2005, S. 300–324.

[40] Genannt werden sollte hier auch noch der Phänomenologe Aaron Gurwitsch, mit dem Henrich an der New Yorker New School of Social Research während der sechziger Jahre einige persönliche Gespräche führte, siehe D. Henrich: *Ins Denken ziehen* (Anm. 1), S. 179 f. Gurwitsch hatte bereits die Theorie eines nicht-egologischen Bewußtseins bzw. »Bewußtseinsfeldes« entwickelt, welche auf Henrichs eigene Überlegungen zum »Bewußtsein« einen gewissen Einfluß ausübte. Vergleiche hierzu Gurwitschs Arbeiten: »A Non-Egological Conception of Consciousness«, in: *Philosophy and Phenomenological Research* 1 (1941), S. 325–338; *Théorie du champ de la conscience*, Brügge: Desclée de Brouwer 1957, auch auf Englisch veröffentlicht als: *The Field of Consciousness*, Pittsburg: Duquesne University Press 1964. Da Henrich aber – soweit zu sehen ist – nirgends eine Darstellung oder Diskussion dieser Theorie oder ihres Einflusses auf seine eigene frühe Konzeption vorgelegt hat, muß es mit diesem Hinweis sein Bewenden haben. Manfred Frank hat kürzlich das sachliche Verhältnis zwischen Henrichs eigener, früher Konzeption eines »Bewußtseinsfeldes« und Gurwitschs Ansatz diskutiert, vgl. ders.: »Ist Selbstbewußtsein ein ›anonymes Feld‹ oder eine ›wissende Selbstbeziehung‹? Dieter Henrichs zwei Theorien zur Verteidigung von Selbstbewußtsein«, in: M. Frank, J. Kuneš (Hrsg.): *Selbstbewusstsein* (Anm. 2), S. 69–96.

[41] D. Henrich: *Fluchtlinien* (Anm. 12), S. 147 f. *Fluchtlinien* wird in der Folge mit »FL« abgekürzt. – Eine gute Darstellung des Problems findet sich auch in Henrichs Aufsatz »Subjektivität als Prinzip« (1997), zitiert nach: D. Henrich:

Bewußtes Leben (Anm. 10), S. 49–73, siehe insbesondere den dortigen Abschnitt 2 (S. 54–67). Vgl. hierzu neuerdings die Erörterungen Henrichs zum Verhältnis von Fichtes »absolutem Ich« zum einzelnen »Für mich« in: ders.: *Das Ich, das viel besagt* (Anm. 16), v. a. S. 90–108 sowie S. 253–268.

42 Die folgenden Ausführungen beziehen sich vor allem auf zwei Abhandlungen Henrichs, die beide zum ersten Mal und zusammen 1976 veröffentlicht worden sind: »Die Grundstruktur der modernen Philosophie« und »Über Selbstbewußtsein und Selbsterhaltung«. Zitiert werden sie nach ihrem Wiederabdruck in: D. Henrich: *Selbstverhältnisse* (Anm. 17), S. 83–108 und S. 109–130.

43 Vgl. hierzu auch D. Henrich: »Mit der Philosophie auf dem Weg«, in: ders.: *Die Philosophie im Prozeß der Kultur* (Anm. 1), besonders S. 95 f.

44 Siehe zu dieser Gegenüberstellung ferner D. Henrich: *Denken und Selbstsein* (Anm. 30), S. 42 f. und vor allem S. 49–81; ferner S. 143 ff. (Subjektivität und Welt). – In diesen Problemzusammenhang gehört auch Henrichs ausführliche Rezension von Thomas Nagels *A View from Nowhere* (1986): »Dimensionen und Defizite einer Theorie des Selbstbewußtseins«, in: *Philosophische Rundschau* 36 (1989), S. 1–24.

45 Vgl. zur Frage der widerstreitenden Lebensdeutungen auch D. Henrich: »Bewußtes Leben« (Anm. 15), S. 16 ff., S. 41 ff.

46 Vgl. zum Theorem des »Grundes« auch D. Henrich: »Subjektivität als Prinzip«, in: ders.: *Bewußtes Leben* (Anm. 10), S. 61 ff.; ders.: *Denken und Selbstsein* (Anm. 30), S. 54 f., S. 175 f., S. 249 ff., S. 356 f. u. ö. Schon in »Fichtes ursprüngliche Einsicht« spricht Henrich es an, vgl. hierzu vor allem FuE 35 ff./218 ff. und oben Abschnitt 2.1, I.

47 Henrich nimmt in FL, 169, eine etwas andere Einteilung vor, wonach der dritte Punkt nicht das Grund-Verhältnis betrifft, sondern das Verhältnis des Einzelnen zum Weltganzen. Zwar läßt sich Henrich zustimmen, daß das Weltganze, inwiefern es nicht Gegenstand der Forschung sein kann wie beliebiges anderes, ein Ursprung von Dunkelheit ist. Doch ist es dies für jede denkende Vergewisserung des Menschen, nicht nur einer solchen, die ihren Ausgang aus der Problematik des Selbstbewußtseins nimmt. – Zu den »Dunkelheiten« des bewußten Lebens vergleiche auch: D. Henrich: »Dunkelheit und Vergewisserung«, in: ders. (Hrsg.): *All-Einheit. Wege eines Gedankens in Ost und West*. Stuttgart: Klett-Cotta 1985, S. 33–52.

48 Vgl. FL, 175: »Hegel artikuliert den Gedanken vom Absoluten in einer Sprache, die sich überhaupt keiner anderen Mittel bedient als der elementaren Funktionen des Grundverhältnisses, aber so, daß sie aus ihrem Funktionszusammenhang herausgenommen und im Gegenzug zu ihrer Co-Funktionalität, die im Grundverhältnis gilt und die ihnen ihre ursprüngliche Bedeutung gibt, in die Einheit einer einzigen Form überführt werden, welche durch den Nicht-Unterschied zwischen Selbstbeziehung und Differenzbeziehung charakterisiert ist.« Henrich hat diese Form anhand von Hegels »Logik der Re-

flexion« genauer untersucht. Vgl. D. Henrich: »Hegels Logik der Reflexion. Neue Fassung«, in: ders. (Hrsg.): *Die Wissenschaft der Logik und die Logik der Reflexion*. Bonn: Bouvier 1978, S. 204–324 (die erste Fassung stammt von 1965). Siehe ferner den instruktiven Aufsatz: D. Henrich: »Andersheit und Absolutheit des Geistes. Sieben Schritte auf dem Wege von Schelling zu Hegel« (1979), wiederabgedruckt in: ders.: *Selbstverhältnisse* (Anm. 17), S. 142–172. Einen guten Einblick in die Bedeutung der Theorie Hegels für das »Weltverstehen« bietet auch Henrichs Aufsatz »Kant und Hegel. Versuch der Vereinigung ihrer Grundgedanken« (1981), in: ders.: *Selbstverhältnisse* (Anm. 17), S. 173–211, besonders S. 188 ff. Zur grundlegenden Bedeutung des »All-Einheits-Denkens« für die Orientierung im bewußten Leben siehe ferner ders.: »Dunkelheit und Vergewisserung« (Anm. 47), passim. – Henrich hat darüber hinaus versucht, dieses Grundprinzip mit Hegels »Grundoperation« der spekulativen Logik in Verbindung zu bringen. Vgl. hierzu etwa seine Aufsätze: »Formen der Negation in Hegels Logik«, in: *Hegel-Jahrbuch 1974*. Bonn: Bouvier 1975, S. 245–256; »Hegels Grundoperation«, in: Ute Guzzoni, Bernhard Rang, Ludwig Siep (Hrsg.): *Der Idealismus und seine Gegenwart* (FS Werner Marx). Hamburg: Meiner 1976, S. 208–230. Siehe ferner: »Absoluter Geist und Logik des Endlichen«, in: Dieter Henrich, Klaus Düsing (Hrsg.): *Hegel in Jena*. Bonn: Bouvier 1980 (*Hegel-Studien Beiheft* 20), S. 103–118; »Die Formationsbedingungen der Dialektik. Über die Untrennbarkeit der Methode Hegels von Hegels System«, in: *Revue Internationale de Philosophie* 36 (1982), S. 139–162; *Between Kant and Hegel. Lectures of German Idealism*. Hrsg. von David S. Pacini. Cambridge/Mass.: Harvard University Press 2003, S. 316 ff. Zur Bedeutung Hegels für die Subjektivitätstheorie vgl. Henrichs abschließende Bemerkungen in: »Die rätselvolle Selbstbeziehung« (Anm. 5), S. 511 ff., S. 517 ff.

49 Auch später noch gebraucht Henrich zuweilen den Ausdruck »Erklärung«, doch ist er in solchen Kontexten eher in einer ähnlichen Bedeutung wie »Worterklärung« (Angabe des Sinnes) zu verstehen als in der Bedeutung von »Explanation« (Rückführung auf Bedingungen und Voraussetzungen).

50 Insofern können Henrichs Überlegungen in solchen Texten wie *Fluchtlinien* auch nur den *Rahmen* für derartige Bemühungen abstecken.

51 Vgl. D. Henrich: »Grund und Gang spekulativen Denkens« (Anm. 10), S. 97 ff., besonders S. 105, 118 f.; ders.: *Sein oder Nichts* (Anm. 28), S. 432 ff., 467 ff.; ders.: »Endlichkeit des Subjekts« (Anm. 27), S. 8 f. In »Bewußtes Leben« (Anm. 15), S. 45 f., nennt er diesen Vorgang »Umwendung«; siehe ebenso: ders.: *Grundlegung aus dem Ich. Untersuchungen zur Vorgeschichte des Idealismus. Tübingen – Jena (1790–1794)*. Frankfurt a. M.: Suhrkamp 2004, Bd. 2, S. 1516, S. 1524 ff.

52 Daher kann auch die Funktionsanalyse allein nicht die angemessene Beschreibung des Selbstbewußtseins liefern. Vgl. dazu dasjenige, was Henrich zuletzt zur Funktionsanalyse schreibt, in: ders.: *Sein oder Nichts* (Anm. 28), S. 207, Fn. 194: »Die Unabtrennbarkeit dieser Komponenten [sc. der Subjek-

tivität] ist noch eine andere als die Interdependenz von Funktionen voneinander. Diese bedeutet, dass man die Fähigkeit zum Gebrauch einer Funktion haben muss, um die andere sinnvoll gebrauchen zu können. Hier liegt aber ein simultaner ›Gebrauch‹ im Verstehen eines in sich einigen Phänomens vor, ein Sachverhalt, den zu verstehen viel größere Schwierigkeiten als der einer wesentlichen Interdependenz macht.«

[53] Henrich gebraucht den Ausdruck in: ders.: *Konstellationen. Probleme und Debatten am Ursprung der idealistischen Philosophie (1789–1795).* Stuttgart: Klett-Cotta 1991, S. 107.

[54] Vgl. hierzu D. Henrich: »Endlichkeit des Subjekts« (Anm. 27), S. 2 ff.

[55] A. a. O., S. 3 (Hervorhebung H. G.).

[56] A. a. O., S. 5 f.

[57] Vgl. zur »Extrapolation« auch (mit Beispielen) D. Henrich: »Was ist Metaphysik – was Moderne?« (Anm. 26), S. 18 ff.; ferner ders.: *Denken und Selbstsein* (Anm. 30), S. 249 ff., 258 f., 274 f. Henrich schreibt dort zum extrapolierenden Denken (a. a. O., S. 253), es greife »über alles hinaus, was dem Subjekt gegeben ist, und [versucht], in möglichst einem einzigen Zugriff und Inbegriff eine Verständigung über die Subjektivität, ihren Grund und ein Ganzes, dem sie zugehört, zu erreichen. Insofern ist dies Denken notwendigerweise *synthetisch* und in einem damit *extrapolierend.* Denn sein Konzept kann nicht irgendwelchen Bereichen von Wirklichem abgelesen oder angepasst sein. Es läßt sich nur als begründeter Entwurf gewinnen. Es ist weiterhin *postulierend* – und zwar insofern, als es ihm nicht darum gehen kann, einen Nachweis seiner Wahrheit zu führen. Es kann sich nur als konsistent und als annehmbar erweisen – auch gegenüber allen Alternativen. Das aber tut es dadurch, dass es der Subjektivität eine Selbstverständigung ermöglicht, die allen Zügen, die in ihrer Extrapolation aufgewiesen wurden, gerecht wird und die alle diese Züge zugleich in einen einsichtigen Zusammenhang einbegriffen sein lässt«.

[58] Henrich unterscheidet an dieser Stelle vier verschiedene »Weisen« der Rationalität (FL, 94): »(1) Die Rationalität der Problemlösung in der Alltagspraxis von Lagebeurteilung und Vorzugswahl, deren Regeln die Entscheidungstheorie zu formulieren sucht, (2) die Rationalität des Suchverhaltens und damit auch des Forschungsganges, (3) die Rationalität der reflektierenden Rückfrage und (4) die Rationalität in der extrapolierenden Entfaltung einer Lebensform.« Man könnte diese Weisen der Rationalität auch als praktische Rationalität (damit als einen Teil der klassischen »Urteilskraft«), als Forschung/Heuristik, als explanatorisches Denken (d. h. Erklären), und als vernünftige Selbstverständigung des Menschen in seinem Leben (oder, in einem gegenüber Martin Heidegger abgewandelten Sinne, als »Daseinshermeneutik«) bezeichnen.

[59] Siehe oben Anmerkung 57.

[60] E. Tugendhat: *Selbstbewußtsein und Selbstbestimmung* (Anm. 26), S. 54 ff., S. 68 ff.

61 A. a. O., S. 57 ff.

62 A. a. O., S. 83.

63 A. a. O., S. 84.

64 A. a. O., S. 87.

65 A. a. O., S. 89 f.

66 Tugendhat bezeichnet solche Sätze, die besagen: »Ich bin in diesem oder jenem Bewußtseinszustand«, als »ich ϕ«-Sätze. Vgl. dazu a. a. O., S. 50 ff.

67 Vgl. das Resümee von a. a. O., S. 136, das sich u. a. auf eine Analyse des Privatsprachen-Argumentes von Ludwig Wittgenstein stützt: »Es ist aus prinzipiellen Gründen klar geworden, daß alle ϕ-Prädikate eine einheitliche Bedeutung in Sätzen der 1. und 3. Person haben. Sie werden aus beiden Perspektiven mit Bezug auf Verhaltensweisen gelernt, nämlich so, daß die Verhaltensweisen aus der Perspektive des Beobachters als Kriterien für die Zuschreibung des Prädikats fungieren, während aus der Perspektive des ›ich‹-Sagenden die Verwendung des ›ich ϕ‹-Satzes eine Modifikation dieser Verhaltensweise selbst ist.«

68 Dieter Henrich: »Noch einmal in Zirkeln. Eine Kritik von Ernst Tugendhats semantischer Erklärung von Selbstbewußtsein«, in: Clemens Bellut, Ulrich Müller-Schöll (Hrsg.): *Mensch und Moderne. Beiträge zur philosophischen Anthropologie und Gesellschaftskritik* (FS Helmut Fahrenbach). Würzburg: Königshausen & Neumann 1989, S. 91–132. Im Folgenden wird dieser Beitrag als »NiZ« abgekürzt. Vgl. zu dieser Debatte auch Henrichs Nachlese in: *Das Ich, das viel besagt* (Anm. 16), S. 138 ff.

69 E. Tugendhat: *Selbstbewußtsein und Selbstbestimmung* (Anm. 26), S. 84. Siehe das Zitat im vorigen Abschnitt.

70 A. a. O., S. 75.

71 Henrich spricht (wie auch Tugendhat) grundsätzlich von »Wissen«, doch hier wird des öfteren »Unterstellen« gebraucht, da dem ›ich‹-Sprecher die Einstellung des ›er‹-Sprechers häufig nicht bekannt ist, sondern grundsätzlich präsupponiert werden muß (was in der Regel auch für den ›er‹-Sprecher gilt).

72 Eine ähnliche Kritik findet sich bei Henrich auch gegen frühere Positionen von Roderick M. Chisholm. Vgl. dazu: Dieter Henrich: »Zwei Theorien zur Verteidigung von Selbstbewußtsein«, in: *Grazer Philosophische Studien* 7/8 (1979), S. 77–99. – Tugendhat hat Henrichs Kritik später zurückgewiesen, in: ders.: »Über Selbstbewusstsein: Einige Missverständnisse«, in: Thomas Grundmann et. al. (Hrsg.): *Anatomie der Subjektivität* (Anm. 39), S. 247–254. Allerdings täuscht sich Tugendhat darin, daß Henrich ihm eine »interaktionistische Erklärung« von Selbstbewußtsein unterstellt (S. 248 f.). Vielmehr weist Henrich nur auf den Sachverhalt hin, daß Tugendhats Explikation eines »phänomenalen Bestandes« (S. 249) die wissende Selbstunterscheidung bereits voraussetzt, welche Tugendhat in seinem Buch explizit leugnet. Hier reicht es von Seiten Tugendhats nicht, sich darauf hinauszureden, daß er selbst nicht wisse, wie »subjektives« Selbstbewußtsein zu erklären sei. Daß Selbstbewußt-

sein ohne eine »phänomenale« Seite nicht möglich ist, legitimiert noch nicht die Strategie, es darauf zu reduzieren.

[73] Henrich war nie ein prinzipieller Gegner der analytischen Philosophie. Nicht nur hat er sie selbst gründlich rezipiert und zu ihrer Verbreitung in Deutschland als Editor maßgeblich beigetragen. Er hat als Gastprofessor in den Vereinigten Staaten über zwanzig Jahre hinweg – zuerst an der Columbia-Universität, später in Harvard – mit vielen analytischen Philosophen regelmäßige wissenschaftliche Kontakte gepflegt und war mit einigen von ihnen – z. B. Donald Davidson – befreundet. Vgl. hierzu D. Henrich: *Ins Denken ziehen* (Anm. 1), S. 155 ff. und S. 232 f. (zu Davidson). An seiner Festschrift zum 60. Geburtstag (Konrad Cramer et. al. (Hrsg.): *Theorie der Subjektivität.* Frankfurt a. M.: Suhrkamp (1990) 2016[2]) haben sich aus der angelsächsischen analytischen Philosophie Roderick M. Chisholm, Hector-Neri Castañeda, Peter F. Strawson, Hilary Putnam, Paul Guyer und Richard Rorty beteiligt. Das Gleiche gilt für die 1998 veröffentlichte Festschrift (Marcelo Stamm (Hrsg.): *Philosophie in synthetischer Absicht.* Stuttgart: Klett-Cotta 1998), zu der weitere bekannte angelsächsische Autoren wie z. B. Arthur C. Danto, Donald Davidson oder Michael Dummett beitrugen. Seiner Freundschaft mit Davidson hat er erst kürzlich ein Denkmal gesetzt: Dieter Henrich: »Stationen einer Freundschaft«, in: Marc Borner, Manfred Frank, Kenneth Williford (Hrsg.): *Senses of Self. Approaches to Pre-Reflective Self-Awareness.* In: *ProtoSociology. An International Journal of Interdisciplinary Research* 36 (2019), S. 534–541. Allerdings hat Henrich auch alsbald die Grenzen dieses Philosophierens bemerkt und Vorbehalte gegen seine immer größere und alles übrige anscheinend verdrängende Verbreitung geäußert. Zu dem Wert, den die Beschäftigung mit den verschiedenen Formen analytischen Denkens für die Entwicklung seiner eigenen Theorie der Subjektivität hatte, vgl. zuletzt: D. Henrich: *Das Ich, das viel besagt* (Anm. 16), S. 133–162. – In den letzten Jahrzehnten hat sich die analytische Szene, insbesondere in den Vereinigten Staaten, bekanntlich wieder stärker in Richtung auf eine größere Anschlußfähigkeit an das kontinentale Denken bewegt. Henrich hat darüber schon früh (1984) in einem *Merkur*-Aufsatz berichtet (»Wohin die deutsche Philosophie?«), wiederabgedruckt in: ders.: *Konzepte* (Anm. 26), S. 66–75.

[74] D. Henrich: »Die Philosophie in der Sprache« (Anm. 12), v. a. S. 40 ff. Die folgenden Seitenangaben beziehen sich auf diese Abhandlung.

[75] A. a. O., S. 42 f.: »Die Philosophie muß also darauf ausgehen, daß ihr in der natürlichen Sprache Ausdrucksmittel zuwachsen, die es ihr erlauben, Gedanken, in denen sich ihre synthetische Aufgabe erfüllt, auch dann zum Ausdruck zu bringen, wenn sie dem alltäglichen Verstehen entgegenstehen, das aber doch auf eine Weise, daß sich an sie eine Verständigung über das Menschenleben anzuschließen vermag.«

[76] Siehe Dieter Henrich: »Die Beweisstruktur von Kants transzendentaler Deduktion«, in: Gerold Prauss (Hrsg.): *Kant. Zur Deutung seiner Theorie von*

Erkennen und Handeln. Köln: Kiepenheuer & Witsch 1973, S. 90–104, hier: S. 101 f. Vgl. zu Kants Philosophiebegriff auch: ders.: »Zu Kants Begriff der Philosophie. Eine Edition und eine Fragestellung«, in: Friedrich Kaulbach, Joachim Ritter (Hrsg.): *Kritik und Metaphysik* (FS Heinz Heimsoeth). Berlin: De Gruyter 1966, S. 40–59, speziell S. 56 ff.

[77] Vgl. dazu vor allem D. Henrich: *Identität und Objektivität. Eine Untersuchung über Kants transzendentale Deduktion*. Heidelberg: Carl Winter Universitätsverlag 1976; ders.: »Die Identität des Subjekts in der transzendentalen Deduktion«, in: Hariolf Oberer, Gerhard Seel (Hrsg.): *Kant. Analysen – Probleme – Kritik*. Würzburg: Königshausen & Neumann 1988, S. 39–70 (zum ersten Mal vorgetragen 1981); siehe auch ders.: »Kant und Hegel« (Anm. 48), S. 176–183; sowie ders.: *Between Kant and Hegel* (Anm. 48), S. 38–45 (diese Arbeit gibt im wesentlichen eine Vorlesung Henrichs an der Harvard-Universität von 1973 wieder). Zu Kants »Ich denke« vgl. auch die Charakterisierung in: D. Henrich: *Der Grund im Bewußtsein* (Anm. 39), S. 454.

[78] Die folgende Darstellung bezieht sich vor allem auf Teil III von *Identität und Objektivität* (Anm. 77). Henrichs Abhandlung wird mit hier »IuO« abgekürzt.

[79] Diese »Reflexion«, wie Henrich es mit Kant nennt, begründet aber nicht die Selbigkeit des Subjekts, sondern setzt sie bereits voraus (IuO, 61). – Es sei an dieser Stelle darauf hingewiesen, daß Henrich mehrere Reflexionsbegriffe kennt: (a) Zum einen bezeichnet er in seinen kritischen Arbeiten (z. B. FuE) diejenige Handlung, die die wissende Selbstbeziehung *hervorbringt*, als »Reflexion« (gerichteten Produktionsakt) auf sich. (b) Zum zweiten werden Handlungen, in denen das Subjekt sich thematisiert oder Regeln auf sich anwendet, als »Reflexionen« bezeichnet. Hier bestehen Selbstbewußtsein und wissende Selbstbeziehung vorweg, sie werden nicht erst durch diese Handlungen hervorgerufen. In diesem Sinne gebraucht Henrich »Reflexion« in seiner Kant-Diskussion, z. B. in IuO (vgl. dazu auch D. Henrich: *Between Kant and Hegel* [Anm. 48], S. 41; ders.: *Das Ich, das viel besagt* [Anm. 16], S. 297 f.). (c) Schließlich wird in den späteren Arbeiten »Reflexion« im Zusammenhang mit dem Sich-Verstehen des Menschen in seinem »bewußten Leben« begriffen. Henrich schreibt hierüber zu Beginn des fünften Abschnittes von »Was ist Metaphysik – was Moderne?« (Anm. 26), S. 18 f.: »In ihm [dem Reflexionsbegriff der Moderne] sind zumindest zwei intelligente Leistungen zusammen in Anspruch genommen – zunächst das Bewußtsein von den Unterschieden zwischen den Verständigungsarten, welche sich in der Spontaneität des bewußten Lebens ausgebildet haben. Wer reflektiert, der hat auch verstanden, daß er nicht in nur einer Welt beheimatet ist und daß er nicht ohne Bruch in sie hineinwachsen kann. ›Reflexion‹ meint dann, zum zweiten, eine Distanznahme zu den primären Tendenzen der Verstehensarten und Selbstbeschreibungen insgesamt […]«. Mit diesem Begriff werden somit die grundlegende Differenz von Welt- und Selbstbezug (die bereits im Grundverhältnis angelegt

ist) sowie die Frage nach der Möglichkeit eines die verschiedenen »Verstehensarten und Selbstbeschreibungen« integrierenden Gedankens angesprochen. Beide Sachverhalte treten im Zusammenhang der Selbstinterpretation des Subjekts auf. – Die verschiedenen Begriffe, die mit dem Ausdruck »Reflexion« bei Henrich verbunden sind, stehen also für verschiedene Typen oder Grade der *Selbstrepräsentation* des Subjekts. Im ersten geht es um eine Selbstrepräsentation, die mit dem Konstitutionsakt des Ich zusammen auftritt und daher infallibel ist. Weil dieser Ansatz scheiterte, war klar, daß das Wissen von sich ein jenseits der ursprünglichen, aber epistemisch inhaltslosen Selbstvertrautheit liegendes Selbstverstehen bzw. eine entsprechende Selbstdeutung einschließt. Hier kommen die beiden anderen Typen von Reflexion ins Spiel, die die Struktur von Selbstbewußtsein sowie die Selbstverständigung des Menschen in seinem Leben und seiner Welt thematisieren. Da aber auch die zweite Reflexion letztlich scheitern muß (wegen mangelnder »Theoriefähigkeit« von Selbstbewußtsein), bleibt es der Selbstdeutung in Verbindung mit dem spekulativen Denken vorbehalten, die mit den anderen beiden Typen der Reflexion angezielten Einsichten zu entwickeln, wenngleich auch nur als Entwürfe, die dem bewußten Leben entspringen. Vgl. hierzu ferner D. Henrich: *Denken und Selbstsein* (Anm. 30), S. 35 f.

80 Dies hat Henrich, indem er deutlich über Kants Darlegungen hinausgeht, in Teil II von *Identität und Objektivität* zu zeigen versucht, vgl. IuO, S. 23 ff. und S. 50.

81 Vgl. zur Definition von »Identität des Subjekts« bei Kant ausführlich: D. Henrich: »Die Identität des Subjekts in der transzendentalen Deduktion« (Anm. 77). Siehe zur Identität grundsätzlich (unabhängig von den Fragen bei Kant) Henrichs große Abhandlung: »›Identität‹ – Begriffe, Probleme, Grenzen«, in: Odo Marquard, Karlheinz Stierle (Hrsg.): *Poetik und Hermeneutik VIII: Identität*. München: Fink 1979, S. 133–186.

82 Vgl. dazu schon FuE, 37/219.

83 Dieter Henrich: »Die Anfänge der Theorie des Subjekts (1789)«, in: Axel Honneth et al. (Hrsg.): *Zwischenbetrachtungen: Im Prozeß der Aufklärung*. Frankfurt a. M.: Suhrkamp 1989, S. 134, 136. Siehe zu den Theoriegrenzen des Selbstbewußtseins bei Kant insgesamt a. a. O., S. 127–138.

84 A. a. O., S. 129.

85 Siehe z. B. das oben (Abschnitt 3.5, I) abgedruckte Zitat aus Henrichs Beweisstruktur-Aufsatz von 1973.

86 Henrich hat darüber in mehreren Arbeiten gehandelt, die z. T. – wie oft bei ihm – wesentlich später veröffentlicht wurden, als sie ausgearbeitet waren. Siehe vor allem: D. Henrich: »Kant's Notion of a Deduction and the Methodological Background of the First *Critique*«, in: Eckart Förster (Hrsg.): *Kant's Transcendental Deductions*. Stanford: Stanford University Press 1988, S. 29–46, hier: S. 34 ff. (zu dem Zusammenhang mit den juridischen »Deduktionen« dieser Zeit). Vgl. ferner ders.: »Grund und Gang spekulativen Den-

kens« (Anm. 10), speziell: S. 99–103; ders.: »Systemform und Abschlussgedanke. Methode und Metaphysik als Problem in Kants Denken«, in: Volker Gerhardt, Rolf-Peter Horstmann, Ralph Schumacher (Hrsg.): *Kant und die Berliner Aufklärung. Akten des IX. Internationalen Kantkongresses*. Berlin: De Gruyter 2001, Bd. 1, S. 94–115; ders.: *Das Ich, das viel besagt* (Anm. 16), S. 295 ff. Es gibt indessen einen Beleg, der zeigt, daß er seine Überlegungen schon in den frühen achtziger Jahren ausgearbeitet hatte: »Die Beweisstruktur der transzendentalen Deduktion der reinen Verstandesbegriffe – eine Diskussion mit Dieter Henrich«, in: Burkhard Tuschling (Hrsg.): *Probleme der ›Kritik der reinen Vernunft‹*. Berlin/New York: De Gruyter 1984, S. 84 ff. (die Diskussion fand auf der Marburger Kant-Tagung von 1981 statt; Henrich nannte seine Überlegungen damals »neue Forschungsergebnisse«, siehe S. 84).

87 Zur neueren Kant-Rezeption Henrichs vgl. auch seinen wichtigen Aufsatz »Endlichkeit des Subjekts« (Anm. 27), S. 5 ff., in dem die Frage nach der Einheit des Subjekts in Verbindung mit Kants eigener Konzeption der »Ideen« gebracht wird. – In der Marburger Diskussion zur Beweisstruktur von Kants Deduktion (s. o. Anm. 86) merkt Henrich übrigens an, daß Immanuel Kant der »größte Philosoph in deutscher Sprache, der einzig wahre Weltphilosoph neben Platon« sei, a. a. O., S. 62, Fn. 4.

88 Zu diesen hier nicht weiter behandelten Fragen siehe folgende Texte Henrichs: Zur praktischen Philosophie: »Der Begriff der sittlichen Einsicht und Kants Lehre vom Faktum der Vernunft« (Anm. 14); *Ethik zum nuklearen Frieden*. Frankfurt a. M.: Suhrkamp 1990; *Denken und Selbstsein* (Anm. 30), Kapitel III (S. 85 ff.) und IV (S. 143 ff.), ferner Kapitel V, 7 (S. 319 ff.). Zur Ästhetik: *Versuch über Kunst und Leben. Subjektivität – Weltverstehen – Kunst*. München: Carl Hanser 2001; ferner die Textsammlung: *Fixpunkte. Abhandlungen und Essays zur Theorie der Kunst*. Frankfurt: Suhrkamp 2003.

89 Vgl. dazu ders.: *Ins Denken ziehen* (Anm. 1), S. 211 ff. Henrich hat daher interessanterweise in seinen eigentlich wissenschaftlichen, insbesondere philosophiehistorischen und editorischen Arbeiten das Bleibende seiner Wirkung als Philosoph gesehen. Vgl. folgende Selbstauskunft (*Ins Denken ziehen*, S. 258): »Mir scheint, dass das wissenschaftlich Geleistete eine andere Qualität und dauerhaftere Wirkung besitzt, als das, was ich als Philosoph in der Lebensorientierung ausgearbeitet habe. Ich nahm immer wieder Maß an klassischen Texten, etwa an Kants meisterlichen Argumentationsgängen oder an Fichtes leidenschaftlichem Drängen auf Durchsicht. Meine Texte leben in ihrem Licht. Meine Forschungen müssen dagegen wissenschaftlich kaum einen Vergleich scheuen. Sie haben zwar auch ihre Mängel, sind aber in dem, was sie zum Beispiel in der Konstellationsforschung in Gang brachten, eigenständig und weiterführend. Zur Selbstverständigung im Menschenleben können sie aber allenfalls indirekt beitragen.« Zu der von Henrich angesprochenen Konstellationsforschung gehören insbesondere seine Rekonstruktion der Kant- und Fichte-Rezeption am Tübinger Stift und der damit verbundenen

Theoriesituation, die maßgeblich das spätere Denken der Stiftler Hegel, Hölderlin und Schelling beeinflußte. Vgl. hierzu etwa die Synthese *Die Grundlegung aus dem Ich* (Anm. 51), zwei Bände mit zusammen mehr als 1700 Seiten, sowie die umfangreiche Nachlaßedition des für diese »Konstellation« zentralen Stiftsrepetenten Carl Immanuel Diez: Dieter Henrich (Hrsg.): *Carl Immanuel Diez. Briefwechsel und Kantische Schriften. Wissensbegründung in der Glaubenskrise. Tübingen – Jena 1790–1792.* Stuttgart: Klett-Cotta 1997. Zu der dabei angewandten Methodik vergleiche man etwa Henrichs Band *Konstellationen* (Anm. 53) sowie neuerdings die Sammlung von Diskussionsbeiträgen zur »Konstellationsforschung«: Martin Mulsow, Marcelo Stamm (Hrsg.): *Konstellationsforschung.* Frankfurt a. M.: Suhrkamp 2005.

[90] Siehe oben Anmerkung 30. Im Folgenden werden die Bezugnahmen auf Seiten dieses Werkes mit »DS« abgekürzt. Siehe ferner auch seine Bemerkungen in: ders.: *Furcht ist nicht in der Liebe. Philosophische Betrachtungen zu einem Satz des Evangelisten Johannes.* Frankfurt a. M.: Klostermann 2022, v. a. S. 26 ff.

[91] Vgl. dazu oben Abschnitt 3.3 und Anmerkung 57.

[92] Henrich charakterisiert die All-Einheit an dieser Stelle wie folgt (DS, 269 f.): »Als All-Einheit schließt sie die Differenz in sich selbst ein. Diese Einheit, weil sie eben nicht gegenüber irgendwelchem Anderen different ist, muss als *das* Eine, das also einzig ist, gedacht werden. Weiter ist sie, weil durch nichts eingeschränkt, als unendlich zu denken. Damit ist dann klar, dass die in ihr eingeschlossenen Differenten als endliche gedacht werden müssen. Nun sind sie aber doch Einschlüsse, nicht Korrelate des unendlich All-Einen. Insofern müssen sie auch als Endliche mit ihm als Ganzem noch dasjenige gemeinsam haben, was als Grundeigenschaft des All-Einen selber anzusehen ist. [...] Das All-Eine ist jenes selbstgenügsame Eine, das sich selbst ursprünglich in alles *differenziert* hat oder das kraft seines Wesens ursprünglich in alles differenziert *ist.* Diese Selbstdifferenzierung ist die Eigenschaft, die an die Stelle der ursprünglichen Differenz zwischen der Einheit und den Vielen getreten ist. [...] Die Vielen sind in ihm als dem All-Einen eingeschlossen und daher mit ihm von der grundsätzlich gleichen Verfassung. Daraus folgt ganz unmittelbar, dass den im All-Einen eingeschlossenen Vielen gleichfalls die Eigenschaft der Selbstdifferenzierung zugesprochen werden muss.« Vgl. auch DS, 270 f., zum dadurch revidierten Begriff der Einzelnheit. Siehe insgesamt bereits Abschnitt 3.2, II.

[93] Henrich verbindet diese Überlegungen auch mit der klassischen Frage nach dem »Sinn« des einzelnen Menschenlebens. Menschen fragen, so Henrich (DS, 263), »ob ihrem Leben eine Bewandtnis eignet, die nicht aus dem hervorgeht und in dem erschöpft ist, was sie leisten und was sie sich selbst und anderen bedeuten – ein Sinn also, der sowohl ihrer eigenen Einschätzung und Erfahrung als auch dem, was faktisch von ihnen bewirkt wird, noch vorausgeht. Diese Frage greift über das bewusste Leben und alle in ihm allein be-

gründeten Bezüge hinaus. Dabei wäre es möglich, dass einem größeren Ganzen, dem Subjekte zugehören, selbst bereits Sinn innewohnt – möglich aber auch, dass von diesem Ganzen her allein dem bewussten Leben ein solcher Sinn zuwächst. Solcher Sinn wäre, obwohl er nur ihm zu eigen ist, dann doch nicht aus dem bewussten Leben heraus gestiftet.« Vgl. dazu auch DS, 69 ff.

94 Vgl. zum Aufbau einer umfassenden Theorie der Selbstverständigung des Menschen die Skizze in D. Henrich: *Das Ich, das viel besagt* (Anm. 16), S. 267 f., sowie den darauffolgenden Abschnitt S. 268–282.

95 Siehe hierzu manchen Beitrag in dem von Jörg Dierken und Dietrich Korsch herausgegebenen Sammelband *Subjektivität im Kontext* (Anm. 16) sowie besonders den Band: Rudolf Langthaler, Michael Hofer (Hrsg.): *Selbstbewußtsein und Gottesgedanke. Ein Wiener Symposion mit Dieter Henrich über Philosophische Theologie.* Wien: Braumüller 2010 (= *Wiener Jahrbuch für Philosophie* XL/2008). Siehe ferner auch: Klaus Müller: *Wenn ich »ich« sage. Studien zur fundamentaltheologischen Relevanz selbstbewußter Subjektivität.* Frankfurt a. M.: Peter Lang 1994; Cia van Woezik: *God – Beyond Me. From the I's Absolute Ground in Hölderlin and Schelling to a Contemporary Model of a Personal God.* Leiden/Boston: Brill 2010; Klaus Viertbauer: »Warum Selbstbewußtsein eines unverfügbaren Grundes bedarf. Dieter Henrich als Gesprächspartner der Katholischen Theologie«, in: M. Frank, J. Kuneš (Hrsg.): *Selbstbewusstsein* (Anm. 2), S. 429–442.

96 *Der ontologische Gottesbeweis. Sein Problem und seine Geschichte in der Neuzeit.* Tübingen: Mohr Siebeck 1960. Vgl. dazu zuletzt auch Henrichs Bemerkungen in: Rudolf Langthaler, Michael Hofer (Hrsg.): *Selbstbewußtsein und Gottesgedanke* (Anm. 95), S. 96 ff. (zu einer Kritik Konrad Cramers an seinem Gottesbeweis-Buch).

97 Siehe dazu den Abschnitt: »Das Selbstbewußtsein und seine Selbstdeutungen. Über Wurzeln der Religionen im bewußten Leben«, in: D. Henrich: *Fluchtlinien* (Anm. 12), S. 99–124, v. a. S. 116 ff.

98 In: Rudolf Langthaler, Michael Hofer (Hrsg.): *Selbstbewußtsein und Gottesgedanke* (Anm. 95), S. 9–22, insbesondere Abschnitt 4 (S. 18 ff.).

99 Siehe dazu auch Henrichs Kommentar in: Rudolf Langthaler, Michael Hofer (Hrsg.): *Selbstbewußtsein und Gottesgedanke* (Anm. 95), S. 159 (zu einem Beitrag von Jörg Dierken).

100 Vgl. hierzu auch Henrichs Kommentare in: Rudolf Langthaler, Michael Hofer (Hrsg.): *Selbstbewußtsein und Gottesgedanke* (Anm. 95), S. 125 ff. (zu einem Beitrag von Dietrich Korsch).

101 Siehe oben Anmerkung 16, vgl. ferner Anmerkung 41. Eine ausführliche Diskussion des Werkes und seiner Einordnung in die Entwicklung der Selbstbewußtseinstheorie bei Henrich findet sich in der Rezension von Gerhard Preyer: »Die wiederentdeckte oder verdeckte Einsicht!?«, in: *e-Journal. Philosophie der Psychologie*, http://www.phps.at/texte/PreyerG2.pdf (Zugriff am 13. Februar 2024).

[102] Siehe dazu oben das längere Zitat aus FL, 179 f., in Abschnitt 3.2, III.

[103] D. Henrich: »Grund und Gang spekulativen Denkens« (Anm. 10), etwa S. 117, S. 128.

[104] Vgl. dazu auch, was Henrich über die »Umkehrung« bzw. »Umwendung« in der Ausbildung solcher Begriffe bzw. Gedanken sagt, s. o. Abschnitt 3.2, III, sowie die in Anmerkung 51 genannten Texte.

[105] Dies zu zeigen, erforderte wohl auch mehr oder anderes als das, was Henrich von der Philosophie erwartet, wenn er ihre Aufgabe zuletzt beschreibt als »das Ausdrücklich-Machen von Denkweisen und deren Voraussetzungen, das selbstkritische Überlegen und darum, die Ergebnisse des Überlegens in eine ausgewogene Art der Untersuchung und Mitteilung zu überführen«. So D. Henrich: *Ins Denken ziehen* (Anm. 1), S. 262.

[106] Vgl. zu dieser Diskussion Stefan Lang: *Performatives Selbstbewußtsein.* Paderborn: Brill [Mentis] 2020, S. 249 ff.

[107] Siehe dazu aber auch das, was Henrich zuletzt über die Liebe und ihre Verankerung in einem Grund schreibt: ders.: *Furcht ist nicht in der Liebe* (Anm. 90), S. 44 f.; zur johanneischen Konzeption von Liebe ferner: S. 46 und S. 49 ff.

[108] E. Tugendhat: *Selbstbewußtsein und Selbstbestimmung* (Anm. 26), S. 10.

[109] Ulrich Pothast: *Über einige Fragen der Selbstbeziehung.* Frankfurt a. M.: Klostermann 1971.

[110] Konrad Cramer: »›Erlebnis‹. Thesen zu Hegels Theorie des Selbstbewußtseins mit Rücksicht auf die Aporien eines Grundbegriffs nachhegelscher Philosophie«, in: Hans-Georg Gadamer (Hrsg.): *Stuttgarter Hegel-Tage 1970.* Bonn: Bouvier 1974, S. 537–603.

[111] Siehe etwa oben Anmerkung 17. Vgl. von Manfred Frank auch die beiden Textsammlungen: *Selbstbewußtseinstheorien von Fichte bis Sartre* (Anm. 29); *Analytische Theorien des Selbstbewußtseins.* Frankfurt a. M.: Suhrkamp 1994. Siehe ferner: ders.: *Ansichten der Subjektivität.* Berlin: Suhrkamp 2012.

[112] Dan Zahavi: *Self-Awareness and Alterity. A Phenomenological Investigation.* Evanston (Ill.): Northwestern University Press 1999, etwa S. 14 ff. Zu nennen ist aber auch das Buch von Dieter Freundlieb, *Dieter Henrich and Contemporary Philosophy*, auf das bereits oben hingewiesen wurde (Anm. 16).

[113] Siehe hierzu etwa die Arbeiten von Robert Howell und Kenneth Williford in: M. Frank, J. Kuneš (Hrsg.): *Selbstbewusstsein* (Anm. 2), S. 133 ff., 157 ff., sowie verschiedene weitere Beiträge in: M. Borner u. a. (Hrsg.): *Senses of Self* (Anm. 73). Der Herausgeber von *ProtoSociology*, Gerhard Preyer, hat auch mit eigenen Texten in den letzten Jahren zur Beförderung dieses »transatlantischen« Gespräches beigetragen.

[114] Siehe hierzu vor allem Stefan Lang: *Performatives Selbstbewusstsein* (Anm. 106), mit weiteren Literaturangaben. Vgl. auch ders.: *Phänomenales Bewusstsein und Selbstbewusstsein. Idealistische und selbstrepräsentationalistische Interpretationen.* Hamburg: Felix Meiner 2020.

[115] Siehe dazu oben Anmerkung 73. – Siehe zur Geschichte und weiteren Entwicklung besonders Gerhard Preyer, »Heidelberg School: Continuation by Innovation«, in: www.academia.edu/79012669/Gerhard_Preyer_Heideberg_School_Continuation_by_Innovation (Zugriff am 13. Februar 2024).

[116] Siehe etwa oben Anmerkung 2.

[117] Jindřich Karásek: *Sprache und Anerkennung. Philosophische Untersuchungen zum Zusammenhang von Selbstbewusstsein, Intersubjektivität und Personalität.* Göttingen: V&R Unipress 2011.

[118] Vgl. seine Beiträge in den in Anmerkung 113 genannten Sammelbänden.

[119] Siehe oben Abschnitt 4, III, und die in Anmerkung 95 genannten Autoren und Texte.

[120] *Reflexe* 63 (2023), S. 159–162.

Namen- und Sachregister

Angegeben werden nicht alle, sondern nur die wichtigsten Vorkommnisse. Autoren der Sekundärliteratur werden nur dann genannt, wenn ihr Vorkommen sachlich bedeutsam ist. – Ausdrücke wie »Ich«, »Selbstbewußtsein«, »Selbstverständnis«, »Subjektivität« usw. treten so häufig auf, daß sie in der Regel nicht eigens nachgewiesen sind.